_____ 학교 ___ 학년___반 _____ 의 책이에요.

전 세계가 인정한 우리의
세계유산

세계유산이란, '세계유산협약'에 따라 인류 전체를 위해 보호해야 할 가치가 있다고 인정되는 세계 여러 나라의 유산 가운데 유네스코에 등록된 유산을 말해요.

최근 전 세계적으로 자연재해나 전쟁 등으로 파괴될 위기에 처한 인류의 유산이 늘어나고 있어요. 이를 미리 방지하고 보호하고자 1978년부터 유네스코의 세계유산위원회에서는 보호해야 할 가치가 있는 유산들을 세계유산으로 지정하고 있답니다.

인류 전체를 위해 보편적인 가치가 있다고 인정하는 유산을 중심으로 지정하다 보니, 각 나라의 문화와 역사를 대표하는 유산인 경우가 많아요. 따라서 각 나라의 세계유산을 알아보는 일은 곧 그 나라의 고유한 문화를 알 수 있는 지름길이지요.

우리나라는 현재 석굴암과 불국사, 해인사 장경판전, 종묘, 창덕궁, 수원 화성, 경주역사유적지구, 고창화순강화 고인돌유적, 제주 화산섬과 용암동굴, 조선왕릉, 한국의 역사마을 : 하회와 양동, 남한산성, 백제역사유적지구와 산사 한국의 산지승원, 한국의 서원이 등재되어 있답니다. 그리고 세계기록유산으로는 훈민정음, 조선왕조실록, 직지심체요절, 승정원일기, 조선왕조의 의궤, 해인사 고려대장경판 및 제경판, 동의보감, 일성록, 5.18민주화운동 기록물, 난중일기, 새마을운동 기록물, 한국의 유교책판, KBS특별생방송 '이산가족을 찾습니다' 기록물, 조선왕실 어보와 어책, 국채보상운동 기록물, 조선통신사 기록물이 등재되었어요.

또한 인류무형문화유산으로는 종묘제례 및 종묘제례악, 판소리, 강릉단오제, 강강술래, 남사당놀이, 영산재, 제주칠머리당 영등굿, 처용무, 가곡, 대목장, 매사냥, 줄타기, 택견, 한산모시짜기, 아리랑, 김장문화, 농악, 줄다리기, 제주해녀문화가 있답니다.

책에서는 우리나라의 세계문화유산 중 하나인 '고창·화순·강화의 고인돌 유적'에 대해 알아볼 거예요.

세계문화유산

종묘

수원화성

창덕궁

고창·화순·강화의 고인돌유적

석굴암과 불국사

해인사 장경판전

경주역사유적지구

백제역사유적지구

세계기록유산

조선왕조실록

승정원일기

직지심체요절

훈민정음

조선왕조 의궤

해인사 고려대장경판과 제경판

동의보감

일성록

세계무형유산

종묘제례와 제례악

판소리

강릉단오제

세계자연유산

제주도 화산섬과 용암동굴

신나는 교과 체험학습 ④

청동기 시대로 떠나는 여행 **고창·화순·강화의 고인돌 유적**

초판 1쇄 발행 | 2008. 8. 27.
개정 3판 4쇄 발행 | 2023. 11. 10.

글 대동역사기행 | **그림** 이선민 | **감수** 우장문

발행처 김영사 | **발행인** 고세규
등록번호 제 406-2003-036호 | **등록일자** 1979. 5. 17.
주소 경기도 파주시 문발로 197(우10881)
전화 마케팅부 031-955-3100 | 편집부 031-955-3113~20 | 팩스 031-955-3111

© 북티비티, 2008
이 책의 저작권은 저자에게 있습니다. 저자와 출판사의 허락 없이 내용의 일부를 인용하거나
발췌하는 것을 금합니다.

값은 표지에 있습니다.
ISBN 978-89-349-9655-2 64000
ISBN 978-89-349-8306-4 (세트)

좋은 독자가 좋은 책을 만듭니다. 김영사는 독자 여러분의 의견에 항상 귀 기울이고 있습니다.
전자우편 book@gimmyoung.com | 홈페이지 www.gimmyoungjr.com

※**사진 출처** 고창군청, 화순군청, 강화군청, 여수시청, 주니어김영사, 대동역사기행, 우장문, 고인돌사랑회, 중앙포토, 엔싸이버포토박스

청동기 시대로 떠나는 여행

고창·화순·강화의 고인돌 유적

글 대동역사기행 그림 이선민 감수 우장문

주니어김영사

차례

고인돌을 보러 가기 전에!

미리 준비하세요

1. 준비물 《고창·화순·강화의 고인돌 유적》 책, 수첩, 필기도구,
사진기, 교통비, 물

2. 옷차림 고인돌 유적은 모두 야외에 있어요.
그러니 간편하고 활동하기 편한 옷차림을 하는 것이
좋아요.

미리 알아 두세요

고인돌 유적을 돌아보기 전에 먼저 고인돌에 관한 기본적인 정보를 알아보
고 가는 게 좋겠지요?

 고창 고인돌 박물관

홈페이지 www.gochang.go.kr/gcdolmen
고창 고인돌 유적지를 잘 알아볼 수 있는 박물관이에요.

 화순군 문화 관광 홈페이지

홈페이지 www.hwasun.go.kr/culture
화순8경과 관련된 관광지를 소개하는 문화 관광 홈페이지예요. 제4경으로
고인돌 유적지가 소개되어 있어요.

 강화 역사 박물관

홈페이지 www.ganghwa.go.kr/open_content/museum_history
2층 상설전시실에 구석기 시대부터 청동기 시대까지의 유물과 역사를 다루
며 고인돌 유적에 대한 내용도 전시되어 있어요.

 동북아 지석묘 연구소

홈페이지 www.idolmen.or.kr
고인돌에 관련된 문화와 청동기 시대 사람들의 생활 모습에 대해 알려 줘요.

고인돌은요……

이집트의 거대한 무덤인 피라미드나 영국의 신비스러운 거석(큰 돌) 기념물인 스톤헨지를 본 적이 있나요? 이런 거대하고 웅장한 모습이 놀랍지 않은가요? 무겁고 단단하고 큰 바위들로 석상이나 무덤 따위를 만드는 문화를 '거석 문화'라고 해요. 우리나라에도 전 세계를 대표하는 거석 문화의 유적이 있어요. 바로 '고인돌'이지요.

우리나라는 전 세계 고인돌의 절반 이상이 모여 있을 정도로 그 수가 많고 종류도 다양해요. 또한 고창과 화순, 강화도는 고인돌을 만들 때 사용한 돌을 떼어 낸 채석장을 볼 수 있고 다양한 형태의 고인돌이 많이 발견되었기 때문에 고인돌 유적으로서 가치가 매우 높지요. 유네스코 세계유산위원회는 이러한 가치를 높이 인정해, 2000년 12월에 우리나라 고인돌을 세계문화유산으로 등재했어요.

자, 그럼 지금부터 고인돌의 세계로 떠나 볼까요?

한눈에 보는 우리나라의 고인돌

고인돌은 유럽이나 아프리카에서도 발견되지만 우리나라의 고인돌 개수를 따라올 수는 없어요. 우리나라에는 약 3만 6천여 개의 고인돌이 있거든요. 특히 강화도와 전라도의 고창과 화순에 고인돌이 많이 모여 있어요.

자, 그럼 우리나라에는 어떤 고인돌이 있는지 살펴보아요.

탁자식 고인돌을 보러 갈까, 바둑판식 고인돌을 보러 갈까?

고창

화순

2444

강화도 지역은 부근리, 삼거리, 오상리 등의
고려산 기슭을 따라 150여 기의 고인돌이
분포해 있어요. 이곳에서는 남한에서
가장 큰 탁자식 고인돌을 볼 수 있어요.

고창에는 죽림리, 도산리 등에 400여 기가
넘는 고인돌이 있어요. 크기도 다양하고,
탁자식, 바둑판식, 지상석곽형 등 모양도
다양한 고인돌을 찾아볼 수 있어요.

화순 지역에는 효산리와 대신리를
중심으로 1,000여 기의 고인돌이 있어요.
특히 이곳에는 고인돌을 만드는 과정을
보여 주는 채석장들이 잘 남아 있지요.

강화

고창

화순

와!
우리나라엔
고인돌이 정말
많구나.

화순 고인돌
유적에서는
채석장 유적을
많이 볼 수
있대.

강화

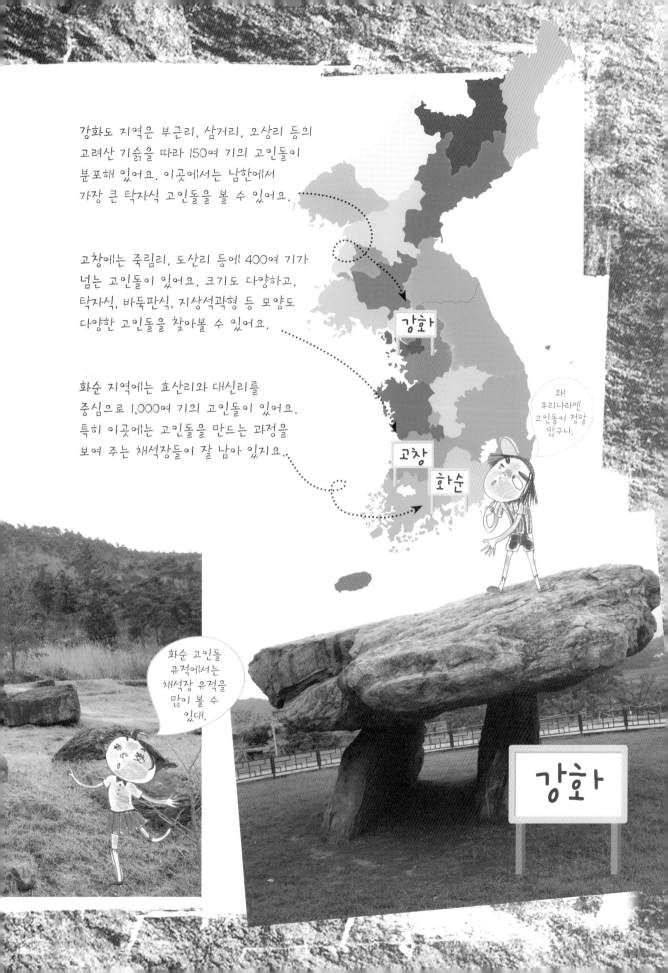

고인돌이란?

거대하고 웅장한 모습을 자랑하는 바위가 고인돌이라는 이름을 갖게 된 이유는 무엇일까요? 청동기 시대의 족장이나 지배자의 무덤으로 알려져 있는 고인돌은 큰 돌을 받치고 있는 '굄돌' 또는 '고임돌'에서 그 이름이 유래되었어요. 고인돌은 우리나라뿐만 아니라 유럽·북아프리카·인도·동남아시아·중국·일본에서도 볼 수 있는 유적으로 부르는 이름도 여러 가지예요.

　한자로는 '지석묘(支石墓)'라고 하고, 유럽에서는 고대 언어인 켈트 어로 탁자를 뜻하는 돌(dol)과 돌을 나타내는 멘(men)을 합친 '돌멘(dolmen)'이라고 불러요. 영어로는 고인돌의 모양을 따서 '테이블 스톤(Table Stone)'이라고 부르지요.

　그럼, 지금부터 우리나라 고인돌의 종류와 특징 등을 알아보러 함께 떠나 볼까요?

고인돌을 찾아
고창과 화순,
강화도를 찾아
가 보자!

무덤은 역사를 말해 줘요

　이집트 왕의 무덤인 피라미드 안에서 발견된 미라와 같은 유물은 고대 이집트의 역사를 보여 주는 중요한 유물이에요. 이처럼 옛 무덤 안에서는 당시의 생활을 보여 주는 물건들이 발견되곤 해요.

　시신을 묻는 곳인 고인돌의 무덤방 안에서도 유물이 발견되고 있어요. 청동기 시대의 유물인 청동 검이나 반달돌칼, 민무늬 토기, 붉은 간토기 등이에요. 발견된 유물을 보고 고인돌에 묻힌 사람의 성별이

삼국의 역사를 간직한 무덤

고구려, 백제, 신라 삼국은 각기 역사를 간직하고 있는 대표적인 무덤이 있어요. 고구려의 장군총, 백제의 무령왕릉, 신라의 천마총이 바로 대표적인 무덤이에요. 이 무덤들은 과연 삼국의 어떤 역사를 담고 있을까요? 함께 알아보아요.

고구려 장군총

고구려 장군총

　중국 지린 성 지안 현에 있는 고구려의 무덤인 장군총은 1905년 일본인 학자가 발견하여 세상에 알려졌어요. 유물이 모두 도굴당한 뒤 발견해서 무덤의 주인이 누구인지 정확하게 밝혀지지는 않아요. 그렇지만 고구려의 전성기를 이끈 장수왕이나 광개토 대왕이 아닐까 추측하고 있지요.

　장군총은 화강암의 표면을 정성 들여 가공한 돌을 7단의 계단식 피라미드 모양으로 쌓았어요. '동방의 피라미드'라고 불리기도 하지요.

　고구려의 초기 무덤 양식은 돌무지무덤으로 대부분 잘 다듬어지지 않은 돌들을 쌓아 만든 무덤이에요. 이러한 돌무지무덤 양식은 고구려 중기로 오면서 장군총과 같이 계단식 피라미드 모양의 돌무덤으로 변화했지요. 장군총은 고구려 시대의 무덤 중에 외형이 거의 완벽하게 남아 있는 무덤이에요.

나 신분, 고인돌을 만든 당시의 사회 모습을 알아볼 수 있지요. 거대한 돌로 만들어진 고인돌의 무덤방에서 출토된 간돌검이나 청동 검은 청동기 시대에 강력한 지배 계급이 있었다는 사실을 알려 주지요. 이처럼 무덤은 사람이 죽은 뒤에 묻히는 장소일 뿐만 아니라 후대 사람들에게 무덤이 만들어진 시대 상황을 알려 주는 살아 있는 역사 보고서이기도 해요.

과연 무덤이 어떤 역사를 말해 주는지 알아볼까요?

옛 무덤을 부르는 여러 이름

묘 : 일반 서민층의 모든 무덤을 말해요.(돌널무덤, 독무덤, 돌무지무덤 등)

분 : 거대한 봉분을 가진 옛날 무덤으로 대개 삼국 시대 이후의 무덤을 말해요.

총 : 커다란 봉분을 가지고 있는 최고 지배자나 왕의 무덤으로 보이나 주인을 알 수 없는 무덤을 말해요.(장군총, 천마총 등)

능 : 무덤의 주인이 누구인지 밝혀진 왕이나 왕비의 무덤을 말해요.(영릉, 무령왕릉 등)

백제 무령왕릉

무령왕릉은 웅진으로 도읍을 옮긴 뒤 어지러웠던 백제를 다시 부흥시킨 무령왕의 무덤이에요. 백제의 다른 왕의 무덤은 많이 훼손되고 도굴을 당했지만 무령왕릉은 원래의 모습과 유물을 고스란히 간직하고 있지요. 무덤이 발굴될 당시 지석*을 통해 무령왕의 무덤이라는 사실이 밝혀졌고, 지석과 함께 금제 관 장식이나 금귀고리 등 유물이 많이 발견되어 백제의 역사와 예술에 대해 많은 사실을 알게 되었어요.

*지석 : 죽은 사람의 인적 사항이나 무덤의 소재를 기록하여 묻은 판석 등을 말해요.

백제 무령왕릉

신라 천마총

신라 천마총

무덤에서 천마도라는 그림이 발견되었기 때문에 천마총이라고 불려요. 1973년, 무덤을 발굴했을 때 금관, 팔찌 등 다양한 유물이 함께 출토되었지요. 천마총은 왕의 무덤이라고 짐작할 뿐 누구의 무덤인지는 확실히 밝혀지지 않았어요. 신라의 무덤은 시신이 묻힌 관 위로 흙과 자갈, 모래를 층층이 덮고, 봉분*이 거대해서 도굴꾼*들이 왕릉인 줄 알면서도 쉽게 도굴할 엄두를 낼 수 없었어요. 유물을 꺼내려면 층층이 덮인 것을 모두 걷어 내야 하거든요.

*봉분 : 흙을 둥글게 쌓아 올려서 무덤을 만든 것이에요.
*도굴꾼 : 옛 무덤 따위를 도굴하여 매장물을 파내는 사람이에요.

고인돌은 언제 만들었을까?

🚜 청동기
'청동'이란 구리에 주석 또는 아연이나 납을 섞어 만든 금속을 말해요. 인류가 처음으로 만든 금속 도구가 청동기예요.

이전의 석기 시대와는 달리 **청동기** 시대에는 계급이 생겨났어요. 부족의 족장이나 지배자는 권력을 드러내기 위해 고인돌을 만들었지요. 그렇다면 고인돌이 만들어진 청동기 시대는 어떤 시대이며, 어떤 특징이 있는지 알아볼까요?

청동기 시대에는 한반도에 정착한 인류가 처음으로 금속을 이용해 도구를 만들어 쓰기 시작했어요. 청동기 시대 이전에는 단단한 돌을 깨뜨리거나 날카롭게 갈아서 사용했지요. 돌을 깨뜨려 도구를 만들어 사용한 시대를 '구석기 시대', 돌을 갈아서 도구를 만들어 사용한 시대를 '신석기 시대'라고 해요.

구석기 시대의 사람들은 사냥을 하거나 나무의 열매를 따 먹으며 생활했어요. 신석기 시대가 되자 사람들은 잡은 가축을 가두어 키우고, 씨를 뿌려 곡식을 거둬들이는 농경 생활을 시작했지요. 그러다가 청동기 문화가 들어오면서 청동기 시대로 접어들었어요.

세형 동검
고인돌 안에서 나온 대표적인 유물이에요. 한반도 청천강 이남에서만 출토되어 한국형 동검이라고도 해요. 대부분 검의 몸통과 손잡이 부분이 한 덩어리로 되어 있어요.

청동기 시대에 지배하는 사람과 지배당하는 사람이 나뉘는 계급이 처음으로 나타났어요.

10

우리나라의 청동기 시대는 기원전 1500년경에 시작되었어요. 청동기 시대에는 청동으로 무기나 장신구 등을 만들고, 그동안 써 온 돌로 만든 도구를 더욱 발전시켰어요. 다양한 농기구를 개발하고, 물기가 많은 습지대에서 벼농사를 짓기 시작하면서 곡식의 생산량은 점점 늘어났어요. 그 결과 남는 곡식이 생겼지요.

그러자 어떤 사람들은 곡식을 더 많이 갖기 위해 다른 사람의 곡식을 빼앗았어요. 곡식을 빼앗은 사람은 지배자가 되고 빼앗긴 사람은 지배를 받았지요. 이렇게 해서 청동기 시대에 '계급'이 나타난 거예요.

지배 계급은 사람들을 통치하고 질서를 유지하기 위해 법을 만들고, 군대와 경찰과 같은 조직을 구성했어요. 또 행정 조직을 꾸려 벼슬아치들에게 부족 전체의 일을 맡아보게 했지요. 즉 법, 군대, 관료 등으로 사회를 통치하고 관리하는 조직인 '국가'가 탄생하게 되었어요. 이렇게 한반도에 탄생한 부족 국가가 바로 '고조선'이에요.

청동기 시대에 계급이 등장함으로써 고인돌과 같은 거대한 무덤을 만들 수 있었고, 고대 국가가 세워지는 바탕이 마련되었어요.

누가 청동기를 사용했을까?

청동기 시대에 모든 사람이 청동기를 사용한 것은 아니에요. 청동을 만드는 재료인 구리나 주석을 쉽게 구할 수 없었거든요. 주로 지배 계급이 청동으로 만든 무기나 장식품을 사용했고, 일반 사람들은 여전히 석기를 사용했어요. 이때 사용한 대표적인 석기로는 반달돌칼, 돌낫, 갈판과 갈돌, 돌괭이 등이 있어요.

갈판과 갈돌

반달돌칼

여기서 **잠깐!**

생각해 보아요.

청동기 시대에 고인돌이 나타나게 된 이유는 무엇일까요? 본문을 잘 읽어 보면 쉽게 쓸 수 있을 거예요. 자신의 생각을 써 보세요.

☞ 예시 답은 56쪽에

고인돌을 왜 만들었을까?

　고인돌은 무게가 수십 톤이 넘는 거대한 돌무덤이에요. 고인돌을 세우려면 몇 백 명이 힘을 합쳐야 했지요. 그런데 이렇게 큰 돌을 옮겨 무덤을 만든 이유가 무엇일까요?

　무거운 돌로 거대한 무덤을 만든 가장 큰 이유는 무덤에 묻힌 지배자의 권력을 강조하기 위함이었어요. 고인돌의 규모가 거대할수록 그곳에 묻힌 지배자의 권력이 강하다는 것을 나타냈지요. 권력을 가진 족장의 후계자는 죽은 족장의 무덤을 거대하게 만들어서, 부족 사람들에게 조상을 숭배하는 전통을 자연스럽게 알려 자신의 힘을 과시하기도 했어요. 고인돌의 역할은 그뿐만이 아니에요.

고인돌을 만든 그 밖의 이유

고인돌을 만든 이유는 여러 가지로 추측해 볼 수 있어요. 지도자의 권력과 마을의 힘을 과시하는 것 말고도 고인돌을 무거운 돌덩이로 만든 이유는 여러 가지예요.

죽은 사람의 혼령이 사람에게 끼칠 수 있는 위험을 막기 위해 만들었어요.

나를 막는 거야?

죽은 사람의 혼령이 편안하게 쉴 수 있도록 거대한 바위를 이용해 만들었어요.

청동기 시대 사람들은 고인돌을 통해 이웃 마을과의 경계를 표시하고, 마을의 힘을 드러냈어요. 고인돌을 만들기 위해서는 적어도 수십에서 수백 명의 어른 남자들이 고인돌에 쓰일 돌을 채석장에서 옮겨 와야 했어요. 고인돌의 크기가 크다는 건 그 부족의 인구가 많다는 것을 뜻해요. 그래서 거대한 고인돌이 서 있는 부족은 그만큼 어른이 많다는 것이고, 어른이 많다는 것은 그만큼 부족의 힘이 강하다는 것을 나타내요.

세계의 거석 문화

거석 문화는 사람이 자연석 또는 가공한 돌을 숭배의 대상물이나 무덤으로 이용한 문화를 말해요. 큰 돌을 이용한 고인돌이나 선돌* 그리고 작은 돌을 이용한 돌널무덤이나 돌무지무덤 모두를 일컫지요.

이러한 거석 문화는 북유럽, 서유럽, 지중해 연안 지역, 인도, 동남아시아, 동북아시아 지역에 걸쳐 넓은 지역에 분포하며 주로 큰 바다와 가까운 곳에 모여 있어요.

영국의 스톤헨지와 프랑스의 카르나크 열석, 러시아의 카프카스 지역, 인도의 데칸 고원 남부 지역, 인도네시아의 선돌과 환상열석* 등이 대표적이에요.

*선돌 : 선사 시대에, 자연석이나 약간 다듬은 돌기둥을 땅 위에 하나 또는 여러 개를 세운 거석 기념물이에요.
*환상열석 : 거대한 선돌이 둥글게 줄지어 놓인 유적이에요.

고인돌은 신앙과 숭배에 대한 대상으로 세우기도 했어요. 청동기 시대 사람들은 주변의 자연 환경에 많은 영향을 받았어요. 사람들은 영원히 죽지 않는 거대한 나무와 바위를 강한 생명력과 특별한 힘을 지니고 있는 존재로 믿고 숭배했지요.

이러한 상징과 의미를 지닌 바위를 이용하여 만든 고인돌은 죽은 사람의 혼령이 쉬는 곳이자 죽은 사람의 혼령이 살아 있는 사람에게 끼칠 수 있는 위험을 막는다는 뜻도 담고 있어요.

여기서 잠깐!

아닌 것을 골라 보세요.

고인돌에 대한 내용을 읽고, 고인돌을 통해 알 수 있는 것이 아닌 것을 골라 보세요.

(　　　　　　)

☞정답은 56쪽에

어떤 것이 고인돌에 관해 틀린 설명일까?

1. 청동기 시대 사람들은 커다란 고인돌을 통해 부족의 힘을 드러냈어.

2. 여러 명이 힘을 합쳐 고인돌을 세우면서 부족 사람들의 협동심을 키웠어.

3. 고인돌이 많이 있는 것은 부족원들이 함께 공동 생산을 한 신석기 시대의 특징을 보여 줘.

무엇을 같이 묻었을까?

고인돌 유적에서는 토기나 청동 검, 옥 장식과 같은 유물들이 함께 발견돼요. 이러한 유물들은 고인돌의 주인이 평소에 사용했거나 그를 위해 따로 만든 것이에요.

그렇다면 무덤에 시신과 이러한 물건들을 함께 묻은 이유는 무엇일까요? 그것은 죽은 뒤에도 혼이 사는 세상이 있다고 믿고 그곳에서도 살아 있을 때 누렸던 사회적 지위와 신분을 계속 누리기를 바랐기 때문이에요. 이렇게 죽은 사람에 대한 슬픔과 존경을 표현하며 죽은 사람의 무덤에 함께 묻은 물건을 '껴묻거리'라고 해요.

고인돌의 무덤방에서 출토되는 대표적인 껴묻거리로는 주인의 권위를 상징하는 간돌 검이나 청동 검과 굽은옥, 대롱옥, 작은 알갱이 모양의 옥 등 장신구들이 있어요. 또한 죽은 사람을 애도하는 제사와 관련된 석기나 토기 조각들도 발견되고, 고인돌을 만들 때 사용한 숫돌이나 공구용 석기 조각들이 출토되기도 해요.

이러한 껴묻거리들은 무덤 주인의 성별이나 신분, 시신이 묻힌 방향을 알려 주는 좋은 자료이지요.

살아 있을 때의 권위를 계속 누리기를 바라는 마음으로 시신 옆에 껴묻거리를 묻었어요.

이런 모양으로 묻힌 시신도 있어요. 어머니 배 속에서 편안하게 있는 모양으로 묻은 거예요.

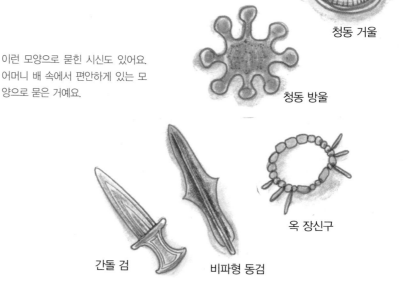

청동 거울

청동 방울

옥 장신구

간돌 검

비파형 동검

고인돌을 통해 알 수 있는 청동기 사회

청동기 시대는 역사의 내용이 글로 남아 있지 않은 선사 시대이므로 유물을 통해 그 시대의 모습을 추측해 볼 수밖에 없어요. 고인돌은 청동기 사회의 모습을 추측해 볼 수 있는 중요한 유물 중 하나예요. 고인돌을 통해 추측해 볼 수 있는 청동기 사회의 모습을 알아볼까요?

공동체 생활을 했어요

고인돌을 만들기 위해서는 많은 사람이 힘을 합쳐야 한다고 했지요? 50톤의 덮개돌로 된 고인돌을 만드는 데는 500명 정도가 필요하대요. 고인돌의 무게를 통해 고인돌 주변에서 몇 명 정도가 생활했었는지 알 수 있겠지요?

집단 사이에 전쟁을 했어요

화살에 맞아 죽은 것으로 보이는 시신이 고인돌에 묻혀 있고, 화재로 버려진 집터가 발견되는 점으로 보아 청동기 시대에는 집단 사이의 갈등이 심했던 것으로 볼 수 있어요. 농사지을 땅을 차지하기 위해 집단 사이에 전쟁을 했을 거예요.

전문가 집단이 있었어요

고인돌에서 나온 유물 중 청동 검과 간돌 검은 전문 제작자가 만들었다고 볼 수 있어요. 비파형 청동 검의 경우 같은 틀을 이용했거나 같은 사람이 만들었을 가능성이 높지요. 특정 지역에서만 나는 돌로 만든 간돌 검이 여러 지역에서 출토되는 것을 보면 같은 장인이 제작했거나 같은 지역에서 나는 돌을 사용하였을 것으로 생각돼요.

교역이 활발히 이루어졌어요

크기와 형태가 비슷한 청동 검이나 간돌 검이 다양한 지역에서 발견되는 것은 전문 제작가가 만든 청동 검과 간돌 검을 물물 교환을 통해 다른 집단이 샀을 가능성이 있음을 보여 줘요.

어떤 종류가 있을까?

여러분은 고인돌 하면 가장 먼저 어떤 모습을 떠올리나요? 커다란 바위를 마치 탁자의 다리처럼 생긴 두 개의 바위가 받치고 있는 모습을 떠올리지는 않나요? 여러분이 떠올린 고인돌이 바로 고인돌의 종류 중 하나인 '탁자식 고인돌'이에요. 사실 고인돌은 여러 가지 종류가 있어요. 우리나라의 북쪽에 많이 분포하는 탁자식 고인돌, 전라도와 경상도 지역에 많이 분포하는 바둑판 모양의 바둑판식 고인돌, 받침돌이 없이 덮개돌로 시신이 묻히는 무덤방을 직접 덮고 있는 개석식 고인돌이 있어요. 그렇다면 각 고인돌은 어떤 모습과 특징을 갖고 있는지 알아볼까요?

강화 고인돌
강화도에 있는 탁자식 고인돌이에요.

탁자식 고인돌

한강 이북에 주로 분포하여 북방식 고인돌이라고 했으나 지금은 전국에 있는 것으로 밝혀져 요즘에는 탁자식 고인돌이라고 불러요. 대부분 지표면에 두껍고 납작한 받침돌 두 개를 나란하게 세운 다음 시신을 넣고, 받침돌 사이에 얇은 판석 두 개를 끼워 돌 네개로 네모꼴의 무덤방 벽면을 만들었어요. 우리나라에는 받침돌이 두 개만 있는 탁자식 고인돌이 많은데, 양쪽을 막고 있던 판석이 없어졌기 때문이에요. 우리나라의 대표적인 탁자식 고인돌로는 강화도 부근리와 고창 도산리 고인돌이 있어요.

여기서 잠깐!

어떻게 나눌까요?

고인돌은 생김새에 따라 이름을 붙여 구분해요. 어떻게 나눌까요?

(.   )

☞ 정답은 56쪽에

바둑판식 고인돌

　남쪽에서 주로 발견되는 고인돌은 완성된 고인돌의 모양이 두툼한 바둑판과 비슷해서 바둑판식 고인돌 또는 남방식 고인돌이라고 불러요. 바둑판식 고인돌은 무덤방을 땅 위에 만든 탁자식 고인돌과는 달리 무덤방을 땅 속에 만들었어요. 그리고 무덤방의 가장자리를 따라 둥글거나 위가 뾰족한 덩어리 모양의 받침돌을 여러 개

유리 고인돌
경상남도 창녕에 있는 바둑판식 고인돌이에요.

놓은 뒤 그 위에 거대한 덮개돌을 올리는 방법으로 고인돌을 완성하지요. 우리나라의 대표적인 바둑판식 고인돌로는 경남 창녕 유리 고인돌, 경북 경주 노당리 고인돌 등이 있어요.

개석식 고인돌

　한반도에서 가장 많이 발견되는 개석식 고인돌은 땅을 직사각형으로 파서 무덤방을 만들고 받침돌 없이 무덤방의 뚜껑 역할도 하는 커다란 덮개돌만 올린 고인돌을 말해요. 개석식의 '개'는 한자로 '덮을 개(蓋)', '석'은 '돌 석(石)'이에요. 개석식 고인돌은 지하에 무덤방이 있어요. 하지만 지상이나 반지하에 무덤방을 만들고 그 주변에 흙이나 돌을 쌓아 봉분을 만들어 그 꼭대기

안성 만정리 고인돌
받침돌이 없는 개석식 고인돌이에요.

에 덮개돌을 올려놓은 것도 있어, **돌널무덤**과 비슷한 점이 많아요.

돌널무덤
깬 돌이나 판돌을 잇대어 널을 만들어 쓴 무덤을 말해요.

음, 탁자식이나
바둑판식 고인돌보다
개석식 고인돌이
더 만들기 쉬웠을
것 같아.

어떻게 이루어져 있을까?

고인돌의 모양은 다양하지만 기본적으로 고인돌을 구성하는 요소들은 같아요. 고인돌은 덮개돌과 덮개돌을 받치고 무덤을 보호하는 받침돌, 시신을 묻는 무덤방, 시신을 올려놓는 바닥 시설 등으로 이루어져 있지요. 그럼, 고인돌이 어떤 구조로 되어 있는지 구석구석 살펴볼까요?

고인돌의 구조

덮개돌
무덤방 위에 올려진 거대한 돌을 말해요. 고인돌을 이루는 돌들 중 가장 크지요. 고인돌의 종류에 따라 모양이 가지가지예요.

탁자식 고인돌
덮개돌
막음돌*
받침돌

*막음돌 : 막음돌은 탁자식 고인돌에만 있는 구조로 고인돌에 시신을 넣은 뒤 고인돌의 무덤방을 막은 돌이에요.

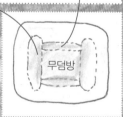

무덤방

위에서 내려다본 모습이에요.

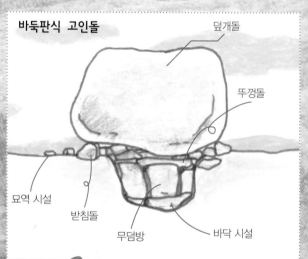

바둑판식 고인돌
덮개돌
뚜껑돌
묘역 시설
받침돌
무덤방
바닥 시설

받침돌(굄돌)
지석이라고도 해요. 덮개돌을 받치거나 고이는 돌이에요. 덮개돌의 아랫부분이 파괴되지 않도록 보호하고 덮개돌이 더 웅장해 보이게 해요. 탁자식에서는 넓은 판돌로, 바둑판식에서는 기둥 모양이나 둥근 모양의 돌이 받침돌 역할을 해요.

묘역 시설
무덤방 주위에 돌무지* 등을 직사각형이나 타원형 또는 원형으로 깔거나 쌓은 것이에요. 이는 무덤의 영역을 표시하여 묘역 역할을 하고 무덤방을 보호하기 위한 것으로, 일부의 고인돌에서만 볼 수 있어요.

*돌무지 : 돌이 많이 깔려 있는 땅이에요.

어? 덮개돌 아래에 있는 돌을 말하는 거야?

여기서 **잠깐!**

이것은 무엇일까요?

고인돌을 이루는 것 중에서 덮개돌을 받치고 있는 돌로 덮개돌의 아랫부분을 보호하고, 덮개돌이 더 웅장해 보이게 하는 돌은 무엇일까요?

(   )

☞ 정답은 56쪽에

뚜껑돌

직사각형의 무덤방 위를 덮은 돌이에요. 시신을 묻을 공간을 만들고 시신을 보호하는 역할을 해요. 넓은 판석 하나로 되어 있기도 하고, 여러 겹으로 포개 쌓는 경우도 있어요. 모든 무덤방 위에 뚜껑을 덮었을 것으로 짐작되지만 현재 남아 있는 모든 고인돌에서 볼 수 있는 것은 아니에요.

개석식 고인돌

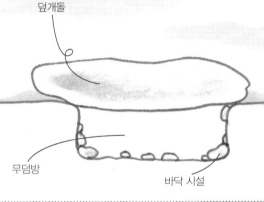

덮개돌

무덤방

바닥 시설

바닥 시설

바닥 시설은 시신을 올려 놓은 곳이에요. 현재 남아 있는 시설을 살펴보면 판석, 납작한 자연석, 작게 깬 돌이나 잔 자갈 등을 깔아 놓았는데, 바닥을 나무 등으로 고르게 한 것도 있었을 것으로 추측해요.

무덤방

시신을 놓아두는 중요한 부분이기 때문에 가장 정성을 들여 만들었어요. 탁자식 고인돌은 무덤방이 땅 위에 있고, 바둑판식 고인돌과 개석식 고인돌은 무덤방이 땅속에 있어요.

모든 돌에 이름이 붙어 있네.

어떻게 만들었을까?

고인돌을 만드는 일은 쉬운 일이 아니었어요. 채석장에서 커다란 바위를 옮겨 와서 고인돌을 세우기까지 많은 사람의 힘이 필요했지요. 힘들고 어려운 장례 과정을 한번 살펴볼까요?

한 부족의 족장이 죽었어요. 족장의 후계자가 족장의 자리를 물려받았지요. 새 족장은 죽은 전 족장을 위해 거대한 고인돌을 만들기로 했어요. 큰 고인돌로 자신의 권력을 널리 알리고 싶었거든요. 새로운 족장은 마을 회의를 열어 고인돌 만드는 방법을 아는 어른들을 모아 의논했어요. 어른들은 젊은이들을 데리고 **채석장**으로 가서 거대한 바위에서 커다란 돌을 떼어 냈지요.

채석장
돌을 캐는 곳이에요.

그러면 사람들은 어떻게 거대한 돌을 떼어 냈을까요?

우선 바위에 단단한 돌로 여러 곳에 구멍을 파고, 그 구멍에 나무를 박아요. 그런 뒤 나무에 물을 부어요. 그러면 물을 머금은 나무가 부풀어 결을 따라 바위가 갈라져요. 나무가 물에 불면서 부피가 늘어나면 나무의 부피가 늘어나는 힘 때문에 돌이 쉽게 갈라지지요.

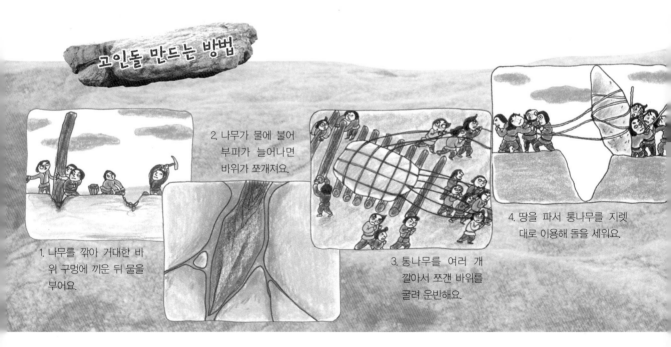

고인돌 만드는 방법

1. 나무를 깎아 거대한 바위 구멍에 끼운 뒤 물을 부어요.

2. 나무가 물에 불어 부피가 늘어나면 바위가 쪼개져요.

3. 통나무를 여러 개 깔아서 쪼갠 바위를 굴려 운반해요.

4. 땅을 파서 통나무를 지렛대로 이용해 돌을 세워요.

그러나 문제는 그다음이었어요. 고인돌의 위쪽에 놓을 거대한 돌을 옮겨야 하는데, 맨 땅에서는 돌이 잘 움직이지 않았어요. 사람들은 통나무를 베어 와 땅바닥에 깔고 돌을 통나무 위로 올려 힘을 합쳐 끌었어요. 결국 통나무가 바퀴 역할을 하여 큰 돌을 옮길 수 있었어요.

채석장에서 가져 온 돌 중 받침돌은 여러 사람이 힘을 합하여, 깊이 판 구멍 안으로 넣었어요. 그다음에는 받침돌 위로 덮개돌을 올려야 했어요. 사람들은 흙을 쌓아 완만한 언덕을 만들어 그 위로 거대한 돌을 끌어 올렸어요. 돌이 자리를 잡으면 덮개돌을 올리기 위해 쌓았던 흙을 치웠지요. 그러면 탁자 모양의 바위 굴이 생겨요. 죽은 족장이 사용하던 청동 검과 청동 거울을 족장의 시신과 함께 그 굴 안에 넣고 막음돌로 막으면 고인돌을 세우는 장례가 끝나요.

여기서 잠깐!

과정을 써 보세요.

아래의 과정은 거대한 암석에서 커다란 돌을 잘라 내기 위한 과정을 섞어 놓은 것이에요. 순서에 맞게 번호를 써 보세요.

1. 나무에 물을 부어요.
2. 나무를 깎아 거대한 바위 구멍에 끼워요.
3. 나무의 부피가 늘어나면 바위가 쪼개져요.

(   )

☞ 정답은 56쪽에

6. 쌓은 흙 위로 넓은 바위인 덮개돌을 끌어 올려요.

8. 시신을 넣은 뒤 받침돌 양쪽을 막음돌로 막아서 무덤방을 완성해요.

5. 돌 주위에 흙을 쌓아요.

7. 쌓았던 흙을 걷어 내요. 지역에 따라 다른 방법으로 시신을 묻어요.

요런 고인돌, 저런 고인돌

고인돌 중에는 특별한 그림이 그려져 있거나 별자리가 그려진 것도 있어요. 어떤 고인돌들이 있는지 알아볼까요?

우리나라의 요런 고인돌

전남 여수 오림동의 고인돌에는 그림이 그려져 있어요. 커다란 간돌 검을 세워 두고 그 앞에서 사람이 두 손을 모아 뭔가를 빌고 있는 모습이 그려져 있지요.

충북 청원에 있는 아득이 고인돌은 덮개돌에 246개의 구멍이 뚫려 있고, 고인

여수 오림동 고인돌
간돌 검 그림이 그려져 있어요.

성혈
바위 표면에 홈처럼 파인 구멍이에요.

돌의 무덤방에서 나온 얇은 돌판에는 60개가 넘는 구멍이 있어요. 이것을 별자리로 보는 사람도 있지요. 특히 석판 한쪽에 있는 구멍 7개는 북두칠성과 아주 비슷해요.

함안 도항리 고인돌

경남 함안 도항리의 고인돌은 얼핏 보면 무질서한 260여 개의 **성혈**이 새겨져 있는데, 마치 별을 묘사한 것처럼 보여요. 은하계를 표현한 것이라고나 할까요?

옛 사람들은 왜 고인돌에 그림을 그려 넣거나 성혈을 새겼을까요? 아직까지 그 이유가 확실하게 밝혀지지 않았어요. 고인돌에 묻힌 사람이 저승에 가서 잘 살 수 있도록 기도하는 뜻이거나 후대 사람들이 고인돌을 종교적으로 이용하면서 그들의 기원을 담은 흔적은 아닐까 하고 짐작할 따름이에요.

세계의 저런 고인돌

우리나라만큼은 아니더라도 전 세계에 여러 가지 형태의 고인돌이 있어요. 지역에 따른 차이는 있지만, 거대한 덮개돌을 덮은 탁자식이 전 세계 고인돌의 공통점이에요. 우리나라를 비롯한 아시아 지역의 고인돌은 하나의 무덤방에 하나의 덮개돌이 있는 것이 특징이며, 서유럽의 고인돌은 여러 개의 받침돌을 세우고 그 위에 여러 덮개돌을 덮는 것이 특징이에요. 특히 유럽의 고인돌에는 한 무덤방에 여러 구의 시신이 매장되어 있어 공동체 사회를 하나로 모으는 역할을 했음을 보여 줘요.

각각의 고인돌이 세계의 어느 곳에 어떤 모양으로 있는지 한번 살펴볼까요?

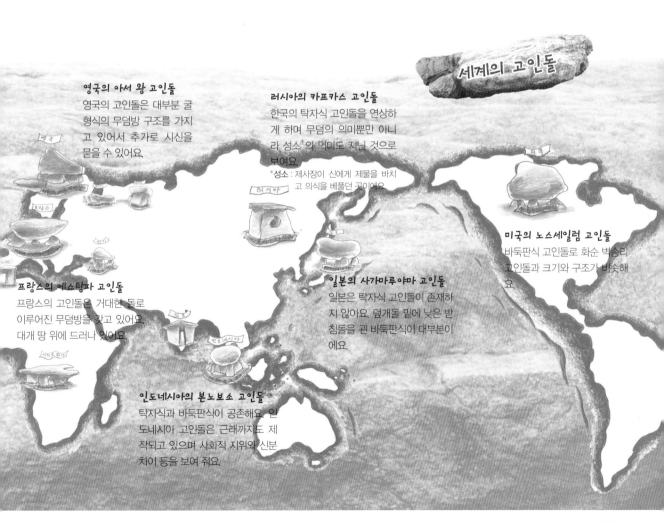

세계의 고인돌

영국의 아서 왕 고인돌
영국의 고인돌은 대부분 굴 형식의 무덤방 구조를 가지고 있어서 추가로 시신을 묻을 수 있어요.

러시아의 카프카스 고인돌
한국의 탁자식 고인돌을 연상하게 하며 무덤의 의미뿐만 아니라 성소*의 의미도 지닌 것으로 보여요.
*성소 : 제사장이 신에게 제물을 바치고 의식을 베풀던 곳이에요.

미국의 노스세일럼 고인돌
바둑판식 고인돌로 화순 벽송리 고인돌과 크기와 구조가 비슷해요.

프랑스의 에스탕파 고인돌
프랑스의 고인돌은 거대한 돌로 이루어진 무덤방을 갖고 있어요. 대개 땅 위에 드러나 있어요.

일본의 사가마루야마 고인돌
일본은 탁자식 고인돌이 존재하지 않아요. 덮개돌 밑에 낮은 받침돌을 괸 바둑판식이 대부분이에요.

인도네시아의 본노보소 고인돌
탁자식과 바둑판식이 공존해요. 인도네시아 고인돌은 근래까지도 제작되고 있으며 사회적 지위와 신분 차이 등을 보여 줘요.

고인돌에 얽힌 이야기들

청동기 시대부터 오랜 세월 동안 우리와 역사를 같이해 온 고인돌에는 많은 이야기가 얽혀 있어요. 집 주변에 있는 거대한 돌이 고인돌인 줄 모르던 사람들은 고인돌을 다른 이름으로 부르기도 했지요. 그럼, 고인돌에는 어떤 이야기들이 얽혀 있는지 알아볼까요?

 마고할미

마고할미 이야기는 우리나라에 전하는 창세* 신화예요. 마고는 지구의 어머니를 뜻하지요. 그 내용은 이렇답니다.

세상이 처음 시작될 때, 해와 달은 하늘 위에 숨어 있고 별은 제멋대로 돌아다녀서 낮과 밤도 구분하기 어려웠어요. 그러나 엄청난 거인인 마고할미가 자고 일어나 두 팔을 펴고 기지개를 켜자 하늘이 '우지직' 금이 갔어요. 그 틈으로 해와 달이 얼굴을 내밀었어요. 빛을 보게 된 사람들은 매우 기뻐했어요.

그러나 그것도 잠시, 마고할미가 오줌을 누자 순식간에 땅은 물바다로 변했어요. 사람들은 열심히 둑을 쌓았지만 소용없었지요. 마고할미가 자신의 잘못이라며 둑을 쌓아 주자, 순식간에 바다가 생겼어요. 또한 손가락으로 땅을 훑자 압록강, 한강, 낙동강이 만들어졌고, 할머니가 뱉어 낸 바위는 제주도의 한라산이 되었어요.

핑매 바위

이런 창조 신화 말고도 지형에 얽힌 여러 가지 마고할미 이야기가 전해 오는데, 그중에는 고인돌에 관련된 이야기도 많아요.

평안도에서는 거대한 탁자식 고인돌이 마고할미가 살았던 집으로, 스스로 지었다고도 하고, 힘센 장수들이 만들어 주었다고도 해요.

또한 전남 화순의 핑매바위 전설을 보면, 마고할미가 운주사에 천불천탑을 쌓기 위해 치마에 돌을 쌓아 가지고 가다가 닭이 울자 버린 바위이며 위쪽의 구멍은 마고할미가 오줌을 누어서 만들어졌다고 하지요.

*창세 : 처음으로 세상을 만드는 것이나 처음으로 세상을 만드는 때를 뜻하는 말이에요.

거북바위

고인돌을 거북바위라 부르는 곳이 많아요. 덮개돌의 모양이 불룩하고 한쪽이 거북의 머리와 비슷하게 생겼기 때문이에요. 거북바위가 있는 마을의 이름에는 구(龜)자가 들어가기도 해요. 대표적인 곳으로 전북 부안의 귀암마을(구암리 고인돌)이 있어요.

거북은 오래도록 살고 죽지 않는다는 열 가지를 가리키는 십장생 중 하나예요. 해, 산, 물, 돌, 구름, 소나무, 불로초, 사슴, 거북, 학이 십장생이지요. 옛날 사람들은 십장생에 속하는 거북을 좋아했어요. 거북을 신성하게 여긴 사람들은 거북을 닮은 바위를 찾아 병이 낫기를 기원하거나 오래 살기를 바랐어요.

재미있게도 이런 거북을 신성하게 여기는 지역에 고인돌이 많다는 사실, 신기하지요?

거북 바위야, 나도 건강하게 오래 살고 싶어. 내 소원을 들어줘!

칠성바위

일 년 내내 밤하늘에서 볼 수 있는 별자리인 북두칠성. 옛날 사람들은 북두칠성을 보며 무엇을 떠올렸을까요?

조상들은 북두칠성을 보며 죽은 뒤에도 좋은 세상에서 다시 태어날 수 있다고 믿으며, 북두칠성이 우리의 좋은 일과 나쁜 일을 정해 준다고 믿었어요. 이러한 믿음은 고인돌과도 연결되어요. 7~8개의 고인돌이 마치 북두칠성처럼 늘어서 있는 모습 때문에 '칠성바위'라 불리는 고인돌이 있어요.

화순 운주사에 있는 칠성바위예요.

고인돌을 찾아가요

　앞에서 고인돌은 무엇이며, 고인돌의 종류에는 어떤 것이 있는지 알아보았어요.

　고인돌은 세계에 널리 분포되어 있지만, 그중에서도 동북아시아 지역에 가장 많이 몰려 있어요. 우리나라에는 전국적으로 3만~5만 기 정도의 고인돌이 있는데, 주로 전라도, 강화도, 황해도 지역에 많아요.

　우리나라 고인돌의 특징은 좁은 지역에 모여 있으며 생김새가 다양하다는 것이에요. 또한 규모가 큰 탁자식 고인돌과 바둑판식 고인돌이 있으며 껴묻거리로 간돌 검이 출토되는 것도 특징이에요.

　2000년 12월에 세계문화유산으로 등재된 고창 · 화순 · 강화 고인돌 유적은 밀집 분포도*와 다양한 형태 덕분에 고인돌의 형성과 발전 과정을 알려 주는 중요한 유적으로 인정받고 있어요.

　자, 우리나라의 대표적인 고인돌 유적지인 고창 · 화순 · 강화의 고인돌 유적을 만나러 떠나 볼까요?

*밀집 분포도 : 일정한 범위에 빽빽하게 모여 퍼진 정도를 말해요.

고창 고인돌 유적으로 가요

주요 정보	
입장료	무료
문의	고인돌 공원관리사업소 (063) 560-2577
주소	전라북도 고창군 고창읍 교촌리 275-3

고창 고인돌 유적은 세계에서 유일하게 모양이 다양한 고인돌을 한 곳에서 만날 수 있는 곳이에요. 또한 고인돌이 촘촘하게 모여 있는 모습과 작은 고인돌에서 거대한 고인돌까지 한눈에 볼 수 있는 곳이지요. 고창에 있는 고인돌의 수는 2,000여 기에 달해요. 그중 세계문화유산으로 등재된 고인돌은 고창읍 죽림리와 상갑리, 도산리에 있는 고인돌이에요. 이 지역에 있는 고인돌 수만 해도 470기가 넘는다고 하니 얼마나 빼곡히 모여 있는지 알겠지요? 고인돌이 이렇게 밀집해 있는 형태는 전 세계에서 우리나라에서만 찾아볼 수 있는 데다 고인돌의 종류도 매우 다양해서 고인돌 연구에서 세계적으로 중요한 위치를 차지하고 있어요.

우리나라 고인돌의 신비와 놀라움을 만날 수 있는 첫 번째 여행지, 고창으로 떠나 볼까요?

고창에는 어떤 고인돌이 우릴 기다리고 있을까?

코스	탁자식	바둑판식	지상석곽형	불명 (형식을 알 수 없음)	채석장
제1코스		1기*	33기	194기	
제2코스		25기	1기	15기	
제3코스		53기	20기	55기	
제4코스					23개
제5코스		153기	25기	60기	
제6코스	4기			1기	

*기 : 무덤, 비석, 탑 따위를 세는 단위예요.

고창 고인돌 유적이 있는 전라북도 고창군에 가려면 강남 고속버스 터미널(호남선)에서 고창으로 가는 버스를 타면 돼요. 고창 고인돌 유적을 돌아볼 때에는 죽림리, 상갑리 일대의 제1코스부터 제5코스까지 둘러본 다음, 도산리 일대의 제6코스를 둘러보세요.

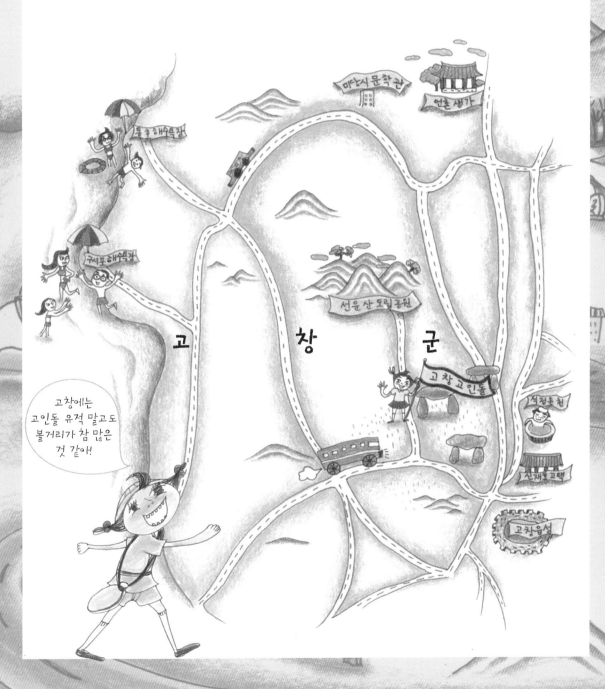

고창 고인돌 유적을 둘러봐요

　고창은 다양한 고인돌의 모습을 살펴볼 수 있도록 고인돌이 많이 모여 있는 죽림리, 상갑리, 도산리 일대를 6개의 코스로 나눠 놓았어요. 또한 고인돌 공원이 있어 고인돌과 관련된 다양한 체험도 해 볼 수 있지요. 그럼, 각 코스마다 어떤 고인돌을 볼 수 있는지 사진과 함께 알아볼까요?

제1코스

53기의 고인돌이 모여 있는 곳으로 거대한 덮개돌에 비해 무덤방을 이루는 받침돌이 비교적 낮은 탁자식 고인돌과 전형적인 바둑판식 고인돌을 볼 수 있어요. 다양한 고인돌의 모습을 한눈에 볼 수 있는 곳이랍니다.

제2코스

동서로 약 267미터에 걸쳐 41기의 고인돌이 줄을 지어 늘어서 있어요. 제2코스에서 발견된 고인돌 중 '지상석곽형 고인돌'은 탁자식 고인돌과 바둑판식 고인돌의 중간 형태로 고인돌 형태의 변천 과정을 이해하는 데 큰 도움을 줘요.

제3코스

고창 고인돌 유적의 중심을 이루며 128기가 모여 있어요. 지상석곽형 고인돌이 집중적으로 모여 있는 지역이지요. 이곳은 고인돌의 무덤방 부분이 잘 보존되어 있어 다양한 고인돌과 무덤방을 확인해 볼 수 있어요.

제2코스에 있는 지상석곽형 고인돌은 어떤 고인돌일까?

탁자식 고인돌과 바둑판식 고인돌의 모양을 섞어 놓은 듯한 고인돌이래.

제4코스

이곳에서는 고인돌의 재료가 되는 돌을 채취하는 곳이 23곳이나 발견되었어요. 채굴지에서 떼어 낸 돌덩어리를 산의 경사를 이용하여 완만한 구릉 지역으로 옮긴 뒤 여러 사람이 힘을 합쳐 고인돌을 만든 것으로 추측돼요. 이곳 고인돌 중에서 가장 무거운 것은 무게가 140톤이나 되며 이를 옮기기 위해서는 1,400명 정도의 어른 남자가 필요하다고 해요.

제5코스

상갑리와 봉덕리, 죽림리에 걸쳐 이어지는 제5코스에는 가장 많은 220여 기의 고인돌이 있어요. 그중에 받침돌이 여러 개 받쳐져 있는 것이 특징인 바둑판식 고인돌이 135기나 있답니다. 그 외에도 크기가 2미터 내외인 소형 고인돌이 많이 분포되어 있어요.

제6코스

제6코스에는 탁자식 고인돌 4기와 어떤 고인돌인지 확실히 알 수 없는 고인돌 1기가 있어요. 이곳의 탁자식 고인돌은 한강 이남 지역에서 발견된 북방식 고인돌 중 가장 길쭉한 모양이에요. 받침돌과 덮개돌이 얇아서 한눈에 보기에도 탁자를 떠올리게 하지요. 예전에는 일반 가정집의 뒤뜰에 있어 장독대로 쓰이기도 하였지만 지금은 문화재로 잘 보존되고 있어요.

고창 고인돌의 특징은 무엇일까?

고창 고인돌 유적은 전 세계에서도 그 예를 찾아볼 수 없을 정도로 한 지역에 조밀하게 다양한 형태의 고인돌이 분포되어 있어요. 우리나라뿐만 아니라 동양 거석 문화의 중심지라고 할 수 있는 고창 고인돌 유적은 세계 어디에서도 볼 수 없는 희귀한 유적으로, 고인돌 연구에서 중요한 가치를 인정받아 세계문화유산으로 등재되었지요.

고창 고인돌 유적은 다른 유적지와는 달리 고창에서만 볼 수 있는 고인돌이 있다는 점이 특징이에요. 죽림리에 있는 이 고인돌은 '지상석곽형 고인돌'로 고창식 고인돌이라고도 해요. 일반적인 탁자식 고인돌의 받침돌보다 낮은 판석이 덮개돌 아래 석곽이나 석관 같은 구조로 놓여 있고, 겉에는 같은 높이의 받침돌이 바둑판식 고인돌처럼 놓여 있어요. 그리고 그 위에 두꺼운 덮개돌이 덮여 있지요. 탁자식 고인돌과 바둑판식 고인돌이 섞인 모습으로 고인돌이 변화해 가는 과정을 보여 주는 중요한 고인돌이에요.

고창 고인돌의 밀집 분포

고창 고인돌은 1.5킬로미터의 좁은 범위 안에 400기가 넘게 밀집되어 있는 점이 가장 큰 특징이에요. 세계 여러 나라에도 고인돌은 분포하지만, 이러한 밀집 분포 형태를 나타내는 곳은 없어요.

러시아에는 2,400여 기의 고인돌이 있지만 대부분 10~12개가 군집을 이루고 있고, 중국 저장 성 지역은 50여 기가 분포하지만 36기만이 군집을 이루고 있어요. 고창 고인돌이 왜 세계문화유산으로 등재되었는지 그 이유를 알겠지요?

여기서 잠깐!

두 가지만 써 보세요.

세계적으로 인정받은 고창 고인돌 유적의 가장 큰 특징을 두 가지만 써 보세요.

1. _____

2. _____

정답은 56쪽에

고창에서 고인돌 축제를 열어요

　고창에서는 매년 음력 9월 9일을 앞뒤로 열리는 고창모양성제 기간에 4일 동안 고인돌 축제를 열어요. 이때는 관광객들이 직접 고인돌을 보고 우리 선조들의 기술과 지혜를 느낄 수 있도록 체험장이 만들어져요.

　축제는 선사 체험, 농경 체험 등으로 이루어져요. 맨손으로 동물 잡기, 물고기 잡기, 토기 만들기 등 의식주 생활에 관계된 체험부터 통나무 끌기, 고인돌 만들기 등을 통해 고인돌을 만드는 과정을 체험할 수 있어요.

고창모양성제

행사 기간 매년 10월
행사 장소
고창읍성과 고인돌 공원 및 고창읍 곳곳에서
주요 행사
답성놀이, 고인돌 체험마당, 고창예술제 등
홈페이지
www.gochang.go.kr/moyangfestival
문의전화
(063)560-8067

고창 고인돌 축제에서 고인돌 만들기를 해 보자!

모두가 힘을 합쳐 고인돌을 만들기 위해 돌을 옮겨요.

옛날로 돌아가 갈돌과 갈판을 이용해 낱알의 껍질을 벗겨 봐요.

고인돌 퍼레이드가 펼쳐져요.

고인돌을 직접 보면서 모습을 그려 봐요.

화순 고인돌 유적으로 가요

주요 정보

입장료	무료
문의	화순군청 (061) 374-0001
주소	전라남도 화순군 화순읍 동헌길 23

화순 고인돌 유적은 전라남도 화순군 도곡면 효산리와 춘양면 대신리를 잇는 보검재의 양쪽 계곡 일대에 주로 분포해 있어요. 화순 고인돌은 주로 바둑판식 고인돌의 형태를 띠고 있으며 100톤이 넘는 커다란 고인돌이 많고, 280여 톤으로 추정되는 핑매바위 고인돌도 있어요.

특히 대신리 발굴지에서는 청동기 시대의 유물이 많이 출토되어 그 시대의 생활상을 잘 보여 줘요. 이러한 점을 인정받아 화순 고인돌 유적 역시 세계문화유산으로 등재되었어요.

화순 고인돌 공원에서는 효산리를 출발해 대신리로 넘어가면서 곳곳에서 고인돌을 만날 수 있어요. 또 반대로 대신리에서 효산리로 넘어갈 수도 있어서 곳곳에 있는 고인돌을 편하게 둘러볼 수 있어요.

자, 효산리와 대신리를 중심으로 한 화순 고인돌 유적에 대해 자세히 알아볼까요?

대신리 고인돌 현황

	구분	계
고인돌	아래 구조가 드러남	22
	덮개돌 형태	105
	고인돌 추정	190
	석실	2
	채석장 추정지	1
	계	320

효산리 고인돌 현황

	구분	계
고인돌	아래 구조가 드러남	24
	덮개돌 형태	133
	고인돌 추정	119
	석실	1
	채석장 추정지	7
	계	284

화순 고인돌로 다 같이 출발해 보자!

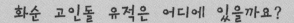

화순 고인돌 유적은 어디에 있을까요?

화순 고인돌 유적을 보러 가려면 먼저 강남 고속버스 터미널(호남선)에서 광주로 가는 버스를 타요.
광주 광천동 터미널에서 내려 218번 버스를 타면 화순 고인돌 유적에 갈 수 있어요. 화순 효산리 고인돌
유적에서는 괴바위, 마당바위, 관청바위, 달바위 순으로 둘러보고, 대신리 고인돌 유적에서는 각시바위,
핑매바위, 대신리 발굴지 순으로 둘러보세요.

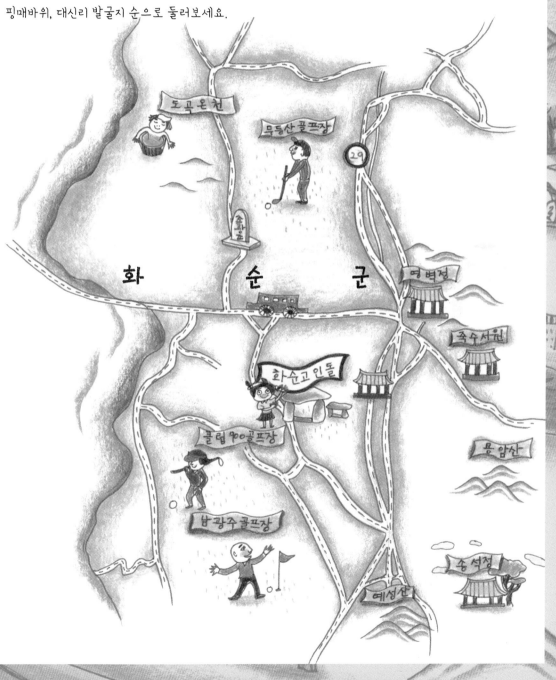

화순 고인돌 유적을 둘러봐요

1995년에 처음 발견된 화순 고인돌 유적은 지금까지 발견된 덮개돌 중에서 가장 큰 덮개돌이 있는 고인돌 유적과 채석장이 있는 고인돌 유적이 대표적이에요. 자, 화순 고인돌 유적으로 떠나 볼까요?

각시바위 채석장

각시바위는 핑매바위 고인돌 북쪽 산꼭대기에 있어요. 주변에 고인돌의 덮개돌 같은 크기의 돌들이 널려 있는 것으로 미루어 보아 고인돌 채석장이었던 것으로 추측해요.

핑매바위 고인돌

세계에서 가장 큰 규모를 자랑하는 핑매바위 고인돌은 무게가 200톤이 훨씬 넘는 거대한 고인돌이에요. 핑매에서 핑은 '팽개쳤다', 매는 '마고'라는 뜻을 가지고 있는데, 여기에는 마고할미 전설이 어우러져 있어요.

핑매바위 고인돌은 덮개돌 아랫부분을 일부러 둥그스름하게 다듬은 다음 그 아래에 고임돌을 둘러 일정한 공간을 만들어 두었어요. 핑매바위 뒤로 보이는 바위의 결은 수평으로 나 있는 데 비해 핑매바위의 결은 비스듬한 것으로 보아 핑매바위를 다른 곳에서 옮겨 와 세웠다는 걸 알 수 있어요. 핑매바위 고인돌의 크기로 보아 세우는 작업이 굉장히 큰 공사였을 거예요.

대신리 고인돌 유적

　대신리 고인돌 유적에는 세계적으로 이름난 거대한 고인돌인 핑매바위 고인돌과 채석장이 있어요. 총 300여 기가 넘는 고인돌이 모여 있는 대신리 고인돌 유적으로 떠나 보아요.

대신리 발굴지

대신리 발굴지의 고인돌에서는 다양한 청동기 시대의 유물이 발굴되었어요. 가락바퀴, 민무늬 토기 조각, 붉은 간 토기 조각, 갈판과 갈돌, 반달돌칼 등 청동기 시대를 대표하는 유물들이 고인돌의 무덤방 안팎에서 발견되었어요.

또한 대신리 27호 고인돌에서 나온 목탄은 과학적으로 분석한 결과 2500~2580년 전에 만들어진 것으로 판명되었어요. 이것은 화순 고인돌이 2500년 전에 만들어졌다는 것을 알려 주지요.

감태바위 고인돌군

감태바위 아래에는 땅 위로 무덤방이 드러나 있는 형태의 고인돌부터 개석식 고인돌 등 여러 가지 형태의 고인돌이 모여 있어요. 미처 고인돌이 되지 못하고 채석한 채로 놓여 있는 돌덩이도 있고, 캐서 쌓아 놓은 듯한 돌들도 볼 수 있지요. 이러한 모습들을 통해 이곳에서 덮개돌을 캐서 바로 아래로 옮겨 고인돌을 만들었을 것으로 보여요. 이곳은 덮개돌의 채석과 다양한 무덤의 형태 등 고인돌의 채석, 축조 등의 과정을 한 곳에서 볼 수 있는 산 교육장이라고 할 수 있어요.

감태바위 채석장

감태바위 채석장에는 덮개돌을 떼어 내려다 만 흔적과 떼어 내려고 판 홈이 그대로 남아 있고, 그 아래로는 큰 바위들이 덮개돌처럼 떼어진 상태로 분리되어 옹기종기 모여 있어요.

효산리 고인돌 유적

　다른 고인돌 유적지보다 원래 모습을 고스란히 간직한 고인돌이 많으며 277여 기의 고인돌이 있어요. 고인돌을 만들기 위해 돌을 캔 채석장 유적도 볼 수 있지요. 효산리 고인돌 유적에서 볼 수 있는 대표적인 고인돌 유적을 둘러보아요.

괴바위

이곳에는 다섯 개의 받침돌로 받쳐진 전형적인 바둑판식 고인돌이 모여 있어요. 주변의 고인돌보다 크기가 크고, 약간 높은 곳에서 평지를 내려다보며 홀로 우뚝 서 있는 모습으로 미루어 볼 때 묘지보다는 제단으로 쓰인 것으로 보여요. 고인돌은 주로 무덤의 용도로 만들었지만 제단이나 묘표석* 등으로 만든 것도 있어요. 괴바위는 무덤방이 없고 발굴 조사 때 주변에서 민무늬 토기 조각이 출토되었어요.

*묘표석 : 묘의 영역을 표시하는 돌을 말해요.

마당바위 채석장

화순 고인돌의 가장 큰 특징은 산꼭대기에 채석장이 있고 거기서 멀지 않은 곳에 고인돌이 있다는 것이에요. 효산리에서 출발하면 맨 먼저 만나는 채석장이 바로 마당바위 채석장이지요. 채석장 꼭대기에는 100명 정도가 앉을 수 있을 만큼 넓은 평지가 있어 예부터 이 마을 사람들이 마당바위라고 불렀어요.

달바위 고인돌

효산리에서 출발해서 가다 보면 겨우 차 두 대 정도 다닐 수 있는 비포장 도로를 사이에 두고 왼편의 산 구릉에 고인돌과 채석장이 자리 잡고 있어요. 달처럼 둥그런 모양이어서 달바위 고인돌이라고 부르는 고인돌은 다른 고인돌 무리들과 떨어져 홀로 오른편에 서 있어요. 이 고인돌은 바둑판식 고인돌로 큰 고인돌 주위에 작은 것들이 열을 지어 있지요. 이를 통해 달바위 고인돌이 가족이나 친척 등 혈연 집단의 묘역을 상징하는 기념물이며, 작은 것은 대부분 무덤이라는 것을 알 수 있어요.

관청바위 고인돌군

관청바위 채석장에서 가져온 돌로 만들어진 고인돌 무리예요. 효산리 고인돌을 대표하는 곳으로 총 54기의 고인돌이 모여 있어요. 이곳에는 고인돌을 만들기 전에 땅을 평평하게 고른 흔적이 있는데, 이는 강화나 고창에서는 볼 수 없는 것이에요. 탁자식과 바둑판식 고인돌이 모두 있어요. 그러나 비교적 낮은 지역에 분포한 이 고인돌 유적은 농경지로 만들어지면서 상당수가 사라졌어요.

관청바위 채석장

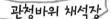

돌을 떼어 낸 흔적을 쉽게 확인할 수 있는 채석장으로 주변에 암석이 많이 흩어져 있어요. 옛날 보성 원님이 나주 목사를 방문하러 가는 길에 이 바위에서 잠시 쉬었대요. 마침 백성이 민원을 올리자 보성 원님이 관청의 일을 즉시 처리했다 하여 '관청바위'라는 이름이 붙었어요.

화순 고인돌의 특징은 무엇일까?

화순에는 100톤이 넘는 커다란 바둑판식 고인돌이 수십 기 있어요. 대신리에 있는 핑매바위 고인돌의 덮개돌은 280여 톤으로 세계 최대 규모를 자랑하지요.

또한 화순 고인돌 유적에는 대규모 채석장이 있고, 그 근처에 고인돌의 덮개돌을 캔 흔적, 채석장 아래에 받침돌을 고인 바둑판식 고인돌, 무덤방이 노출된 고인돌 등이 있어 고인돌을 만들기 위해 준비한 과정을 알 수 있어요.

화순 고인돌 유적은 비교적 최근인 1996년에 발견되었는데 사람들이 잘 다니지 않은 숲 속에 있어 다른 지역의 고인돌 유적보다 보존 상태가 좋아요. 또한 대신리 발굴지에서 나온 **가락바퀴**, 돌도끼, 토기 조각과 같은 유물을 통해 청동기 시대의 사회 모습을 엿볼 수 있어요.

가락바퀴
가운데에 구멍이 있어 그곳에 축을 꽂아 돌리면서 실을 잣는 도구예요.

여기서
잠깐!

이곳은 어디일까요?

화순 고인돌 유적에는 그림과 같이 커다란 바위들이 있는 곳이 있어요. 고인돌을 만드는 데 필요한 돌을 떼어 내던 이곳을 무엇이라고 할까요?

(   )

정답은 56쪽에

화순 고인돌 축제로 가요

매년 4월 마지막 주에 효산리와 대신리 사이의 고인돌 공원에서 고인돌 축제가 열려요. 화순 고인돌 축제의 주제는 해마다 바뀌지만 놀이와 체험을 통해 고인돌을 배우고자 하는 목적은 변함이 없지요. 고인돌 축제를 통해서 고대 사람들의 생활 모습을 알아보고, 고인돌을 만드는 과정 등 선사 시대의 생활을 체험해 보세요.

화순 고인돌 문화 축제

행사 기간
매년 4월 마지막 주
행사 장소
세계문화유산 고인돌유적지
주요 행사
원시 생활을 체험해 볼 수 있는 다양한 활동과 전시를 열어요.
문의 전화
(061)379-5070

간석기 만들기

신석기 시대에는 돌을 사용하기 편리한 모양대로 갈아서 사용했어요. 이렇게 사용하는 석기를 간석기라고 해요. 간돌 검이나 반달돌칼 등이 여기에 속해요. 직접 돌을 갈아서 간석기를 만들어 볼까요?

직접 돌을 갈아서 간석기를 만들어요.

신석기인이 된 것 같은 기분이 드나요?

토기 만들기

신석기 시대의 빗살무늬 토기와 달리 청동기 시대에는 무늬가 없는 민무늬 토기를 만들었어요. 이곳에서는 토기를 만들거나 갈판과 갈돌로 도토리의 껍질을 벗겨 보는 체험을 할 수 있어요. 또한 원시 사냥 체험과 원시 고기잡이 체험을 통해 농사를 짓기 전에 어떻게 먹을 것을 구했는지 알아볼 수 있어요.

만든 토기를 불에 구워요.

청동기와 고인돌 만들기

직접 구리를 녹여 청동 검을 만들 순 없지만 석회나 찰흙으로 청동 검의 모형을 만들어 보기도 하고, 고인돌을 만드는 데 얼마만큼의 힘이 필요한지 직접 돌을 끌어 볼 수도 있어요. 청동기 시대의 지배자의 힘을 느껴 볼 수 있는 체험이에요.

고인돌을 만드는 돌을 직접 끌어 봐요.

토기를 만들기 위해 흙띠를 둥글게 올려요.

강화 고인돌 유적으로 가요

주요 정보

입장료	무료
문의	강화 역사 박물관 (032)934-7887
주소	인천광역시 강화군 하점면 강화대로 994-19

고려 시대와 조선 시대에 외세의 침략을 온몸으로 막아 낸 역사를 갖고 있는 강화도는 섬 전체가 박물관이라고 할 수 있을 만큼 역사 유적이 많아요. 그중에서도 강화도 전체에 150여 기나 분포해 있는 고인돌은 선사 시대를 잘 알려 주는 중요한 유적이에요.

강화도 부근리에는 우리나라에서 가장 큰 탁자식 고인돌이 있어요. 덮개돌 크기는 길이가 6.5미터, 너비가 5.2미터, 두께가 1.2미터이며, 지상에서의 전체 높이는 2.6미터예요. 이 고인돌의 웅장한 모습은 보는 사람을 압도할 정도이지요. 앞서 소개한 고창·화순 고인돌 유적과 함께 세계문화유산으로 등재된 강화도 고인돌 유적. 어떤 고인돌이 어떤 역사를 지니고 오늘날까지 남아 있는지 만나러 가 볼까요?

고인돌 유적	기수
부근리 고인돌 군(강화 고인돌 포함)	14기
삼거리 고인돌 군	9기
고천리 고인돌 군	26기
오상리 고인돌 군	12기
교산리 고인돌 군	13기
부근리 점골 고인돌	1기

이제 우리의 마지막 코스, 강화도다!

강화도에서는 어떤 고인돌이 우리를 기다리고 있을까?

강화 고인돌 유적은 어디에 있을까요?

강화 고인돌 유적을 방문하려면 신촌에서 강화 직행버스를 타거나 인천에서 70번, 일산에서 960번, 안양에서 3번, 영등포에서 1번 버스를 타면 돼요. 유명한 강화 고인돌을 본 뒤, 부근리 점골 고인돌, 삼거리 고인돌, 고천리 고인돌, 오상리 고인돌을 둘러보세요.

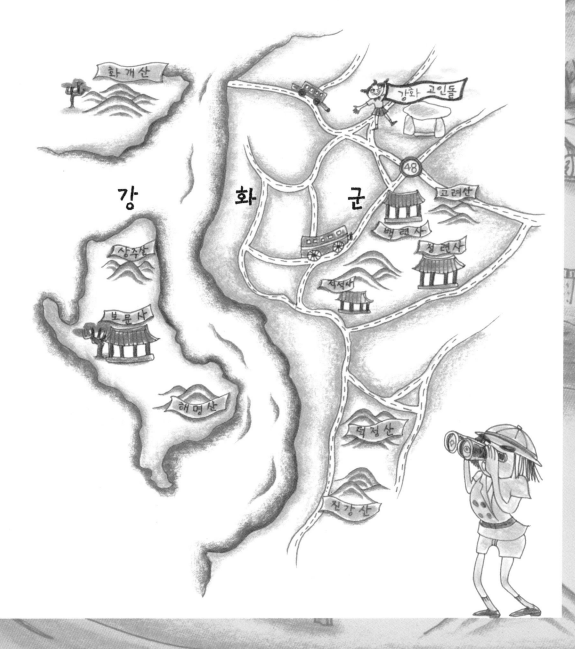

강화 고인돌 유적을 둘러봐요

고인돌 하면 어떤 모습이 떠오르나요? 아마 두 개의 받침돌 위에 크고 평평한 돌이 올려진 탁자 가은 모습이 떠오를 거예요. 여러분이 생각한 고인돌이 바로 탁자식 고인돌이에요.

강화 고인돌

거대한 탁자식 고인돌이에요. 2.6미터 높이의 받침돌 위에 50여 톤이나 되는 덮개돌이 있지요. 고인돌을 연구하는 학자들은 부근리 고인돌이 부족의 번영과 안전을 기원하는 제단으로 쓰였을 것이라고 생각해요. 옹기종기 모여 있는 다른 고인돌과 달리 홀로 뚝 떨어져 주변이 한눈에 들어오는 곳에 자리 잡고 있기 때문이지요.

안타깝게 부근리 고인돌은 고인돌 안에서 유물이 발견되지 않았어요. 덮개돌 아래 있어야 할 사각 모양의 무덤방에는 받침돌 두 개만 남아 있지요.

교산리 고인돌 군

강화도에서 가장 북쪽에 있는 탁자식 고인돌 무리로 모두 28기가 있고 이 중 11기가 문화재로 지정되어 있어요. 훼손되지 않고 원래 모습을 잘 간직하고 있지요.

삼거리 고인돌 군

삼거리 천촌마을의 고인돌 중에는 일렬로 늘어서 있는 9개의 탁자식 고인돌이 있어요. 덮개돌에 작은 구멍의 흔적이 보이는 것이 있는데, 이를 별자리를 표시한 '성혈'이라고 부르기도 해요. 유심히 보지 않으면 지나치기 쉬워요.

교산리 고인돌 군

강화 고인돌

삼거리 고인돌

이 고인돌이 교과서나 참고서 등에서 흔히 볼 수 있는 강화 고인돌이지요. 남한에서 발견된 고인돌 중에서 가장 덮개돌이 커요. 자, 그럼 강화도의 고인돌 유적을 둘러볼까요?

부근리 고인돌 군

강화 고인돌이 속해 있는 고인돌 군이에요.
강화 고인돌에서 남쪽으로 약 50미터 지점에 강화 고인돌과 비슷한 크기로 추정되는 대형 고인돌의 받침돌이 하나 비스듬하게 남아 있고, 북쪽으로 150미터 정도 떨어진 솔밭에는 탁자식 고인돌 1기와 바둑판식 고인돌 1기가 있어 고인돌 무덤 군을 이뤄요.

부근리 점골 고인돌

탁자식 고인돌로, 두 개의 받침돌과 무덤방을 막는 한 개의 돌은 남아 있지만 나머지 한 개는 사라지고 없어요. 평평하게 잘 다듬어진 덮개돌은 반듯한 탁자 모양이에요.

부근리 점골 고인돌

부근리 고인돌 군

고천리 고인돌

오상리 고인돌

고천리 고인돌 군

탁자식 고인돌과 개석식 고인돌 20여 기가 한데 어우러져 고려산 정상을 바라보고 있어요. 탁자식 고인돌 1기는 옛날 모습을 완벽하게 유지하고 있지만, 나머지는 많이 훼손되었어요. 근처에 있는 고려산의 능선에는 채석장의 흔적이 있어 고인돌을 만드는 과정을 짐작해 볼 수 있어요.

오상리 고인돌 군

2000년에 고인돌 12기를 한 곳에 모아 복원하여 보기 좋게 정리했어요. 마치 엄마 고인돌, 아빠 고인돌, 아기 고인돌 들이 모여 있는 것처럼 보이지요. 이곳 고인돌 무덤방에서는 민무늬 토기나 대롱옥, 돌화살촉, 반달돌칼 등의 청동기 시대 유물이 많이 출토되었어요.

강화 고인돌의 특징은 무엇일까?

강화도 고인돌 유적은 어떤 특징을 갖고 있을까요? 강화도 고인돌 유적에는 대표적인 탁자식 고인돌들이 모여 있어요. 특히 강화도 부근리에서는 우리나라의 대표적인 탁자식 고인돌을 볼 수 있어, 고인돌을 공부하기 위해서는 빼놓을 수 없는 곳이지요.

그러나 강화도에는 탁자식 고인돌만 있는 것은 아니에요. 탁자식 고인돌뿐만 아니라 개석식 고인돌도 고르게 분포되어 있어요. 따라서 강화도는 탁자식 고인돌을 대표하는 북방 문화와 개석식 고인돌을 대표하는 남방 문화가 만나는 곳이라 할 수 있어요.

강화 교산리 고인돌
강화 고인돌 유적에서 볼 수 있는 개석식 고인돌이에요.

강화도에 가면 다양한 종류의 고인돌을 볼 수 있구나!

강화 고인돌 유적

여기서
잠깐!

특징을 써 보세요

강화도 고인돌 유적에서 볼 수 있는 고인돌의 특징을 두 가지만 써 보세요.

1. _____

2. _____

정답은 56쪽에

강화 고인돌 문화 축제

강화 고인돌 문화 축제는 석기 시대의 문화와 강화도의 특성을 살린 문화 관광 축제였어요. 1998년부터 하점면 부근리 고인돌 광장에서 매년 10월에 열렸지만, 지금은 더 이상 개최되지 않아요. 고인돌 사진 콘테스트, 선사 문화 체험 놀이를 비롯하여 축제에 참석한 사람들과 함께 고인돌 세우기를 재현하는 행사를 했었어요. 또 고인돌 탐방, 고인돌 아카데미 등의 프로그램이 있었는데, 현장에서 전문가에게 고인돌 선사 문화에 대해 직접 배우는 수업도 있었어요. 그 밖에 석기, 토기, 돌칼 등을 만들면서 원시 농경 생활을 다양하게 체험할 수도 있었답니다.

강화에서 열리는 고인돌 축제도 재미있었겠다.

선사 시대 문화를 경험해 볼 수 있었대.

원시 생활을 주제로 한 다양한 퍼포먼스

갈돌과 갈판을 이용해 신석기인처럼 곡식을 갈아 보는 체험

예쁘게 단장한 강화 고인돌

고인돌 만드는 과정 체험

고인돌 여행을 끝내며

　지금까지 고인돌이란 무엇인지, 고인돌이 어떤 역사적 가치를 지니고 있는지 알아보았어요. 그리고 우리나라의 대표적인 고인돌 유적인 고창, 화순, 강화도 고인돌 유적을 돌아보았어요. 어떤가요? 모르고 보았을 땐 그저 바위처럼 보이던 고인돌이 그 의미를 알고 보니 소중한 우리 문화유산으로 느껴지나요?

　전 세계에서 가장 많은 고인돌이 밀집되어 있는 고창 고인돌 유적, 고인돌을 만들기 위해 채석장에서 돌을 캔 흔적과 고인돌을 만드는 과정이 남아 있어 고인돌을 세우는 과정을 한눈에 볼 수 있는 화순 고인돌 유적, 우리나라의 가장 대표적인 탁자식 고인돌 유적이 있고, 북방 문화와 남방 문화가 만난 곳인 강화도 고인돌 유적을 보면서 고인돌에 대해 많은 것을 배웠어요.

　고인돌과 같은 유적은 구석기 시대, 신석기 시대, 청동기 시대같이 역사가 글로 기록되어 있지 않은 시대의 역사를 연구하는 데 굉장히 중요한 자료예요. 특히 고인돌과 같이 아주 오래전에 만들어진 유적은 우리 민족의 역사와 그 뿌리를 알려 주는 중요한 유적이지요. 학자들뿐만 아니라 어린이 여러분도 고인돌의 가치를 깨닫고 애정을 가져야 해요. 들판에 혹은 길가에 커다란 돌덩이가 있으면 고인돌이 아닌지 찬찬히 살펴보세요. 여러분의 여행길에 큰 재미를 더해 줄 거예요.

이곳도 둘러보아요!

고창과 화순, 강화 지역은 고인돌 말고도 역사 깊은 유적이
많은 곳이에요. 우리의 역사와 문화를 간직하고 있는
다양한 문화 유적에는 어떤 곳들이 있는지 함께
가 볼까요?

강화

고창

화순

선운산 도립공원

도솔산이라고도 하며 1979년에 도립공원으로 지정되었
어요. '선운'이란 '구름 속에서 참선한다.'는 뜻이고 '도
솔'이란 '미륵불이 있는 도솔천궁'이란 뜻으로 선운산과
도솔산 모두 불도를 닦는 산이라는 뜻이에요. 곳곳에 기
암괴석이 봉우리를 이루고 있어 경관이 빼어나고, 울창
한 숲 가운데 선운사가 자리 잡고 있어요.

고창읍성

1453년에 외적의 침입을 막기 위하여 전라도 지역 백성
들이 만든 성곽이에요. '모양성'이라고도 하며, 동·서·북
문과 3개소의 옹성, 6개소의 치성*을 비롯하여 성 밖의
해자* 등 다양한 전략적 방어 시설을 갖추고 있어요. 돌
을 머리에 이고 성을 밟으면 병 없이 오래 산다는 전설
이 전해 와 매년 성을 밟는 행사가 열려요.

*치성 : 성 위에 낮게 쌓은 담을 말해요.
*해자 : 성 주위에 둘러 판 못을 말해요.

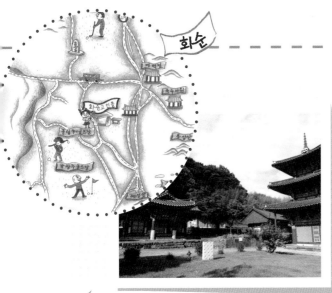

쌍봉사

화순군 이양면 증리 사동마을에 있는 쌍봉사는 곡성 태안사에 있는 혜철 부도비에 '혜철이 신무왕 원년(839)에 당나라에서 돌아온 후 쌍봉사에서 여름을 보냈다.'는 내용이 있는 것으로 보아 적어도 839년 이전에 창건되었을 것으로 여겨요. 국보 제57호인 철감선사탑과 보물 제170호인 철감선사탑비를 볼 수 있어요.

운주사

통일 신라 말 도선 국사가 지은 것으로 알려져 있어요. 풍수지리설을 바탕으로 이곳 지형이 배 모양으로 되어 있어 배의 돛대와 사공을 상징하는 천불과 천탑을 세웠다고 하지만 지금은 볼 수 없어요. 현재 사찰 안에는 석탑 21기, 석불 93구가 보존되어 있고, 9층 석탑, 원형 다층 석탑, 운주사 석조불감이 보물로 지정되어 있어요.

참성단

마니산 상봉에 있는 참성단은 기원전 2282년에 단군왕검이 하늘에 제사를 올리기 위해 쌓은 제단이에요. 둥근 아랫단은 하늘을, 네모난 윗단은 땅을 상징해요. 해마다 음력 10월 3일에 천제암궁지에서 하늘에 제사를 지내요.

초지진

강화군 길상면 초지리에 해안선을 지키기 위하여 설치한 진이에요. 1866년, 병인양요 때 이곳에서 프랑스 함대와 싸웠어요. 1871년, 신미양요 때에는 미국 함대에 함락되기도 했어요. 1875년에는 이곳에서 일본 군함 운요호와도 싸웠어요.

나는 고인돌 유적 박사!

열심히 고인돌 유적을 둘러본 친구들, 모두 수고했어요. 커다란 바위처럼 보이는 고인돌이 청동기 시대의 역사를 간직한 유물이라니, 정말 놀라웠지요? 이제부터는 여러분이 고인돌에 대해 얼마나 잘 알고 있는지 알아보도록 할게요.

1 그림을 보고 답을 써 보세요.

다음은 청동기 시대의 생활을 상상해 그린 그림이에요. 청동기 시대의 특징들을 찾아 그림에 표시하고 그 부분의 그림은 무엇을 하는 모습인지 써 보세요.

② 알맞게 선을 이어 보세요.

다음은 여러 가지 모양의 고인돌이에요. 사진을 보고, 고인돌의 종류를 알맞게 선으로
이어 보세요.

개석식   바둑판식   탁자식

③ 알맞은 이름을 쓰세요.

다음은 탁자식 고인돌과 바둑판식 고인돌의 구조를 나타낸 그림이에요. 각 부분에
알맞은 이름을 쓰세요.

   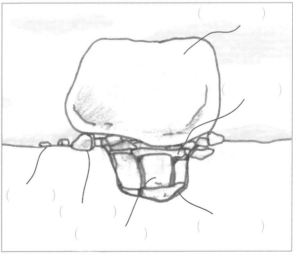

고인돌 그림을 그려 봐요

고창과 화순, 강화 지역의 고인돌 유적을 잘 돌아봤지요? 여러분이 생각해 오던 고인돌의 모습보다 더욱 다양한 고인돌을 만날 수 있었을 것이라 생각해요. 자, 그럼 지금까지 돌아본 고인돌 중에서 여러분의 마음에 들고 재미있게 생긴 고인돌의 모습을 그려 볼까요? 내가 그린 고인돌 그림과 함께 친구들에게 다양한 고인돌을 소개해도 좋을 거예요.

고인돌을 어떻게 그릴까?

> 이 고인돌은 꼭 모음 'ㅠ' 처럼 생겼네.

1. 먼저 그릴 고인돌의 특징을 알아보아요.

내가 그릴 고인돌의 종류는 무엇인지, 어떤 특징을 갖고 있는지 생각해 보세요. 덮개돌을 받치고 있는 받침돌이 어떻게 놓여 있는지, 무덤방은 땅속에 있는지, 땅위에 있는지를 잘 살펴보세요.

2. 고인돌의 원래 모습을 상상해 보아요.

원래 고인돌에는 있지만 지금은 사라진 부분이 있다면 그 부분도 상상해서 그려 보아요. 오른쪽 사진은 강화에 있는 탁자식 고인돌인데 무덤방의 벽면이 사라지고 받침돌만 남아 있어요. 무덤방의 온전한 모습은 어떤 모습일지 상상해 보세요.

> 바둑판처럼 생긴 것을 보니 이건 바둑판식 고인돌 이구나.

3. 고인돌의 이름과 생김새를 연결해 보아요.

받침돌이 높아 마치 탁자처럼 생긴 탁자식 고인돌, 덮개돌이 바둑판처럼 생긴 바둑판식 고인돌. 이처럼 고인돌의 이름은 생김새를 따서 지었어요. 고인돌의 생김새와 이름을 연결해 보며 고인돌의 특징을 그림으로 표현해 보세요.

바둑판식 고인돌을 보고 그렸어요.

양평동초등학교 4학년 1반 임상헌

탁자식 고인돌을 보고 그렸어요.

양평동초등학교 6학년 3반 임지은

여기서 잠깐!

11쪽 부족의 족장이나 지배자가 권력을 과시하기 위해
고인돌을 만들었어요.

13쪽 3번

16쪽 탁자식 고인돌, 바둑판식 고인돌, 개석식 고인돌

19쪽 받침돌

21쪽 2 → 1 → 3

32쪽 1. 한 지역에 다양한 형태의 고인돌이 모여 있어요.
2. 지상석곽형 고인돌을 볼 수 있어요.

40쪽 채석장

46쪽 1. 대표적인 탁자식 고인돌이 모여 있어요.
2. 북방 문화와 남방 문화가 만나는 곳이에요.

나는 고인돌 박사!

❶ 그림을 보고 답을 써 보세요.

아래 그림은 청동기 시대의 생활을 상상해 그린 그림이에요. 청동기 시대의 특징들을
찾아 그림에 표시하고 그 부분의 그림은 무엇을 하는 모습인지 써 보세요.

1. 청동기를 만드는 사람이 보여
요. 이때 청동기를 만드는 전
문 기술자들이 생겨났어요.

2. 청동 거울을 가슴에 달고 있는 족
장님의 모습이 보여요. 청동 거울
은 지배자의 권력을 상징했어요.

3. 청동 무기를 들고 전쟁
연습을 하는 사람들도
보여요. 청동기 시대에는
부족 간 전쟁이 벌어지
곤 했지요.

4. 외적의 침입으로부터 마을을
보호하기 위한 울타리도 청
동기 시대의 특징이랍니다.

❷ 알맞게 선을 이어 보세요.

다음은 각 지역의 대표적 고인돌이에요. 사진을 보고, 고인돌의
종류를 알맞게 선으로 이어 보세요.

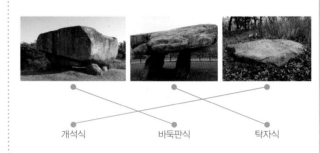

개석식   바둑판식   탁자식

❸ 알맞은 이름을 쓰세요.

다음 그림의 북방식 고인돌과 남방식 고인돌의 구조를 나타낸 그림이
에요. 각 부분에 알맞은 이름을 써 주세요.

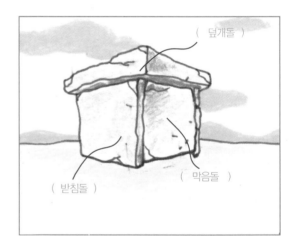

(덮개돌)

(막음돌)

(받침돌)

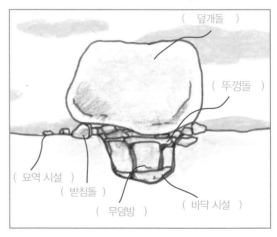

(덮개돌)

(뚜껑돌)

(묘역 시설)

(받침돌)

(무덤방)

(바닥 시설)

사진 출처

고창군청 19p(남방식 고인돌), 30~31p(1코스, 2코스, 3코스), 33p(사진 전부), 50p(사진 전부)

화순군청 36~37p(사진 전부), 38~39p(사진 전부), 41p(사진 전부), 51p(쌍봉사, 운주사)

강화군청 47p(사진 전부)

여수시청 24p(여수 오림동 고인돌)

주니어김영사 4p(강화 고인돌), 9p(천마총, 건원릉), 10~11p(사진 전부), 18p(북방식 고인돌), 44p(사진 전부), 45p(부근리 고인돌, 교천리 고인돌), 51p(참성단, 초지진)

대동역사기행 4p(고창6코스), 31p(고창 5코스, 고창 6코스)

우장문 17p(창녕 유리고인돌, 안성 반성리 고인돌), 22p(함안 도항리 고인돌), 45p(오산리 고인돌군), 46p(강화 교산리 고인돌)

고인돌 사랑회 45p(삼거리 고인돌)

중앙 포토 9p(장군총)

엔싸이버 포토박스 31p(고창 4코스), 44p(교산리 고인돌 유적)

초등학교 교과서와 관련된 학년별 현장 체험학습 추천 장소

1학년 1학기 (21곳)	1학년 2학기 (18곳)	2학년 1학기 (21곳)	2학년 2학기 (25곳)	3학년 1학기 (31곳)	3학년 2학기 (37곳)
철도박물관	농촌 체험	소방서와 경찰서	소방서와 경찰서	경희대자연사박물관	IT월드(과천정보나라)
소방서와 경찰서	광릉	서울대공원 동물원	서울대공원 동물원	광릉수목원	강원도
시민안전체험관	홍릉 산림과학관	농촌 체험	강릉단오제	국립민속박물관	경희대자연사박물관
천마산	소방서와 경찰서	천마산	천마산	국립서울과학관	광릉수목원
서울대공원 동물원	월드컵공원	남산골 한옥마을	월드컵공원	국립중앙박물관	국립경주박물관
농촌 체험	시민안전체험관	한국민속촌	남산골 한옥마을	기상청	국립고궁박물관
코엑스 아쿠아리움	서울대공원 동물원	국립서울과학관	한국민속촌	서대문자연사박물관	국립국악박물관
선유도공원	우포늪	서울숲	농촌 체험	선유도공원	국립부여박물관
양재천	철새	갯벌	서울숲	시장 체험	국립서울과학관
한강	코엑스 아쿠아리움	양재천	양재천	신문박물관	남산
에버랜드	짚풀생활사박물관	동굴	선유도공원	경상북도	남산골 한옥마을
서울숲	국악박물관	고성 공룡박물관	불국사와 석굴암	양재천	롯데월드 민속박물관
갯벌	천문대	코엑스 아쿠아리움	국립중앙박물관	경기도	국립민속박물관
고성 공룡박물관	자연생태박물관	옹기민속박물관	국립민속박물관	이화여대자연사박물관	삼성어린이박물관
서대문자연사박물관	세종문화회관	기상청	전쟁기념관	전쟁기념관	서대문자연사박물관
옹기민속박물관	예술의 전당	시장 체험	판소리	천마산	선유도공원
어린이 교통공원	어린이대공원	에버랜드	DMZ	한강	소방서와 경찰서
어린이 도서관	서울놀이마당	경복궁	시장 체험	화폐금융박물관	시민안전체험관
서울대공원		강릉단오제	광릉	호림박물관	경상북도
남산자연공원		몽촌역사관	홍릉 산림과학관	홍릉 산림과학관	월드컵공원
삼성어린이박물관		국립현대미술관	국립현충원	우포늪	육군사관학교
			국립4·19묘지	소나무 극장	해군사관학교
			지구촌민속박물관	예지원	공군사관학교
			우정박물관	자운서원	철도박물관
			한국통신박물관	서울타워	이화여대자연사박물관
				국립중앙과학관	제주도
				엑스포과학공원	천마산
				올림픽공원	천문대
				전라남도	태백석탄박물관
				경상남도	판소리박물관
				허준박물관	한국민속촌
					임진각
					오두산 통일전망대
					한국천문연구원
					종이미술박물관
					짚풀생활사박물관
					토탈야외미술관

4학년 1학기 (34곳)	4학년 2학기 (56곳)	5학년 1학기 (35곳)	5학년 2학기 (51곳)	6학년 1학기 (36곳)	6학년 2학기 (39곳)
강화도	IT월드(과천정보나라)	갯벌	IT월드(과천정보나라)	경기도박물관	IT월드(과천정보나라)
갯벌	강화도	광릉수목원	강원도	경복궁	KBS 방송국
경희대자연사박물관	경기도박물관	국립민속박물관	경기도박물관	덕수궁과 정동	경기도박물관
광릉수목원	경복궁 / 경상북도	국립중앙박물관	경복궁	경상북도	경복궁
국립서울과학관	경주역사유적지구	기상청	덕수궁과 정동	고성 공룡박물관	경희대자연사박물관
기상청	경희대자연사박물관	남산골 한옥마을	경상북도	국립민속박물관	광릉수목원
농촌 체험	고창, 화순, 강화 고인돌유적	농업박물관	경희대자연사박물관	국립서울과학관	국립민속박물관
서대문자연사박물관	전라북도	농촌 체험	고인쇄박물관	국립중앙박물관	국립중앙박물관
서대문형무소역사관	고성 공룡박물관	서울국립과학관	충청도	농업박물관	국회의사당
서울역사박물관	충청도	서울대공원 동물원	광릉수목원	롯데월드 민속박물관	기상청
소방서와 경찰서	국립경주박물관	서울숲	국립공주박물관	몽촌토성과 풍납토성	남산
수원화성	국립민속박물관	서울시청	국립경주박물관	민주화현장	남산골 한옥마을
시장 체험	국립부여박물관	서울역사박물관	국립고궁박물관	백범기념관	대법원
경상북도	국립서울과학관	시민안전체험관	국립민속박물관	서대문자연사박물관	대학로
양재천	국립중앙박물관	경상북도	국립서울과학관	서대문형무소 역사관	민주화 현장
옹기민속박물관	국립국악박물관 / 남산	양재천	국립중앙박물관	서울역사박물관	백범기념관
월드컵공원	남산골 한옥마을	강원도	남산골 한옥마을	조선의 왕릉	아인스월드
철도박물관	농업박물관 / 대법원	월드컵공원	농업박물관	성균관	서대문자연사박물관
이화여대자연사박물관	대학로	유명산	롯데월드 민속박물관	시민안전체험관	국립서울과학관
천마산	롯데월드 민속박물관	제주도	충청도	경상북도	서울숲
천문대	몽촌토성과 풍납토성	짚풀생활사박물관	서대문자연사박물관	암사동 선사주거지	신문박물관
철새	불국사와 석굴암	천마산	성균관	운현궁과 인사동	양재천
홍릉 산림과학관	서대문자연사박물관	한강	세종대왕기념관	전쟁기념관	월드컵공원
화폐금융박물관	서울대공원 동물원	한국민속촌	수원화성	천문대	육군사관학교
선유도공원	서울숲	호림박물관	시민안전체험관	철새	이화여대자연사박물관
독립공원	서울역사박물관	홍릉 산림과학관	시장 체험 / 신문박물관	청계천	중남미박물관
탑골공원	조선의 왕릉	하회마을	경기도	짚풀생활사박물관	짚풀생활사박물관
신문박물관	세종대왕기념관	대법원	강원도	태백석탄박물관	창덕궁
서울시의회	수원화성	김치박물관	경상북도	해인사 고려대장경과 장경판전	천문대
선거관리위원회	승정원 일기 / 양재천	난지하수처리사업소	옹기민속박물관	호림박물관	우포늪
소양댐	옹기민속박물관	농촌, 어촌, 산촌 마을	운현궁과 인사동	유니세프 한국위원회	판소리박물관
서남하수처리사업소	월드컵공원	들꽃수목원	육군사관학교	무령왕릉	한강
중랑구재활용센터	육군사관학교	정보나라	이화여대자연사박물관	현충사	홍릉 산림과학관
중랑하수처리사업소	철도박물관	드림랜드	전라북도	덕포진교육박물관	화폐금융박물관
	이화여대자연사박물관	국립극장	전쟁박물관	서울대학교 의학박물관	훈민정음
	조선왕조실록 / 종묘		창경궁 / 천마산	상수허브랜드	상수도연구소
	종묘제례		천문대		한국자원공사
	창경궁 / 창덕궁		태백석탄박물관		동대문소방서
	천문대 / 청계천		한강		중앙119구조대
	태백석탄박물관		한국민속촌		
	판소리 / 한강		해인사 고려대장경과 장경판전		
	한국민속촌		화폐금융박물관		
	해인사 고려대장경과 장경판전		중남미문화원		
	호림박물관		첨성대		
	화폐금융박물관		절두산순교지		
	훈민정음		천도교 중앙대교당		
	온양민속박물관		한국에너지기술연구원		
	아인스월드		한국자수박물관		
			초전섬유퀼트박물관		

지상석곽형 고인돌

바둑판식 고인돌

고창 고인돌 유적 제6코스

각시바위 채석장

감태바위 채석장

핑매바위

강화 부근리 고인돌

오상리 고인돌 유적

강화 교산리 고인돌

고창 고인돌 유적지 제5코스

감태바위 고인돌군